Bevidsthedstræning II

Bevidsthedstræning II

Kryon med Metatron og det Interplanetariske Samfund

**Transmissioner formidlet af
Merethe Bonnesen**

Tekst og redigering Merethe Bonnesen
www.merethebonnesen.dk

Foto bagside: Jan Ove Kristensen www.janove.dk

Forlag: BoD Books on Demand, København, Danmark

Fremstilling: BoD - Books on Demand GmbH - Norderstedt, Tyskland

ISBN 978-87-7188-418-0

Indhold

Introduktion

Denne bog er iværksat fra det Interplanetariske Samfund, Det Galaktiske råd, Plejaderne og flere andre dimensionslag, man kan kalde stjerne oprindelse eller galaktiske bevidstheds-dimensioner. Der formidles tyve separate galaktiske bevidstheds-dimensioner i denne tekst.

Selve formidlingen tager udgangspunkt i et portal-felt, hvorigennem jeg har modtaget kanaliseringen.

Portalen er etableret af Plejaderne, med indstrømnings- og ankringspunkter fra forskellige interplanetariske oprindelser blandt andet Arcturus, Sirius, Plejaderne, Andromeda. Portalfeltet holdes i samarbejde med flere krystaller, der også er energetiske formidlere af portal-energien.

Energi og transmission formidles direkte fra disse bevidstheder til dig, der læser teksten, og teksterne blev formidlet igennem mine primære guider Kryon og Metatron i webinar-serien Bevidsthedstræning II.

Mine guider er bindeled mellem mig som kanal og de højfrekvente dimensionslag, og de formidler ord og vibration, som er en del af healingen og transmissionen i de enkelte transmissioner.

Vibrationen forbinder sig med dit energisystem, når du læser teksten og giver balance og støtte til der, hvor du er netop nu.

God fornøjelse.

1. Transmission

Vi er Kryon i Menneskehedens tjeneste, i denne mission, i denne portal, i dette bevidsthedsfelt dannet af menneskevæsner, som har tiltrådt denne udvekslingsrejse.

Vi hilser dig, anerkender dig for din tilstedeværelse og takker for din tiltrædelse i dette felt, med disse krystaller, med disse bevidstheder og med denne kanal.

Arbejdet med krystallerne og portalen er formidlet gennem de sidste tre år og de frekvenser, der kan formidles nu igennem portalen, igennem krystallerne, igennem kanalen er meget præcist passende til de indstrømninger, som er i jeres kollektive bevidsthed.

En del af disse transmissioner vil have vibrationslag, knyttet til den aktuelle tid netop nu, men samtidig er der koblet vibrationer, aftryk og resonans, som er gældende meget længere frem i tiden.

Der er i disse frekvenser kompetencer tilstede, som kan formidle meget bredt, meget præcist på samme tid, så for hver gang du læser ordene, kan du integrere et yderlig lag af den visdom, støtte og energetiske sandhed.

Mens du læser, forberedes du energetisk – for nogle er denne forberedelse startet da du købte bogen, for andre da du begyndte at læse. Du kan reagere fysisk, følelsesmæssigt og sjæleligt som forberedelse til denne tekst.

Vi ville ønske, vi kunne transmitterer disse nye gaver til dig uden disse, for nogle ubehagelige reaktioner, men jeres kollektive bevidsthedslag påvirker stadig jeres individuelle konstitution således, at vi ikke rent kan vibrere disse forberedelses-frekvenser ind.

Nu er du tiltrådt dette felt, og du føler dig forhåbentlig mødt. Mødt i din krop, mødt i din sjælsforbindelse, mødt i din frekvens og dine følelseslag.

Dette møde er konstruktivt, idet det gør dig tryg og mere åben. Det er dette møde, som er vanskeliggjort af jeres kollektive vibration i forberedelses-processen.

Der er i feltet mange bevidstheder, tiltrådt for at støtte dette arbejde og for at støtte du, som tiltræder.

Vi ved, det er vigtige processer, og det er måske for dig processer, du har længtes efter.

Det overordnede tema på serien er:

Energetiske og bevidstheds-åbnende processer og information, som kan forbinde dig dybere i dit hjertes rum,

forbinde dig dybere i det, der er din essens,

forbinde dig dybere til den sandhed du kan have glemt og som vi, igennem disse ord, vil forsøge at hjælpe dig med at genoplive, indefra og ud, og udefra og ind.

Der er et bredt felt af forskellige interplanetariske bevidsthedsenheder, hvoraf nogle er nye i denne menneskelige kontakt, andre har tiltrådt og hjulpet i jeres frekvens og menneskeliv i mange, mange inkarnationer.

Nogle er med for at observere - observere dette samarbejde som en klargøring til det kommende samarbejde, der tilbydes fra disse bevidsthedsfrekvenser, når det enkelte menneske søger denne kontakt.

Serien er således et 'udviklingseksperiment for indstrømmende kosmiske frekvenser'.

Men der er plads til at observere, der er plads til at glæde sig over andres interesse, og der er plads til kærlig, drillende udveksling imellem disse kosmiske bevidsthedslag.

Der er ligeledes mange engle tilstede. Ærkeengle anført af Metatron med Seraphina, Sandalfon, Ærkeengle Michael, Gabriel, Rafael, Uriel, og samtidig er der små nye engle, som indgår i kanalens kompetencefelt, i arbejdet med den fysiske krop og at udvikle nye metoder til at arbejde energetisk med fysisk healing.

Disse engle træder ind og frekvensen øges. Vi siger den øges, og det er ikke helt præcist, idet frekvensen adderes med det bidrag, disse engle kommer med.

Frekvensen åbnes, bredes ud og rummer flere frekvenser og idet denne åbning integreres, giver vi ordene til Metatron, der vil formidle den første bevidsthedstransmission.

Vi er Metatron som sendebuddet fra det Interplanetariske Samfund, og vi vil tale om din menneskeoprindelse, den oprindelse du har i dit fysiske liv som opstået fra et æg og en sædcelle, som en fysisk sammensmeltning og eksplosion af celledeling og skaberkraft.

Det at vende tilbage til ens oprindelse er en proces, som rummer mange forskellige lag og vi starter med udgangspunktet: din fysiske krop, dine fysiske lag idet det er din krop, der skal holde til at tage imod den indstrømning, som kommer i de kommende episoder.

For mange er traumer knyttet til inkarnerings-processen.

Traumer knyttet til det, at din sjæl skulle inkarnere ind i disse, for mange lavfrekvente lag, inkarnere ind i familiekonstitutioner som ikke umiddelbart var befordrende.

Mange har på forhånd set vanskelighederne, inden I knyttede jer til jeres fysiske krop.

Og vi starter derfor med, at lede din opmærksomhed til den guddommelige skaberproces det var, da kimen til din krop blev lagt, da skabelsesprocessen gik i gang,

mærk ind i dit sind,

i din krop.

Læg dig på vores vibration.

12

Den hjælper dig tilbage til at kunne genkende erindringen af at huske processen, dine celler åbnede sig for.

Befrugtningens vidunder, befrugtningens sensation, ligger som en erindring i din krop.

Også selvom din sjæl måske ikke var inkarneret på dette tidspunkt, ligger en erindring i din krop, som en resonans, som et kald fra en guddommelig plan at denne kimkrop skulle etableres på netop dette tidspunkt, i denne familie, i denne præcise konstitution.

Brug vores nærværd til at glide ind og mærke, at du kan få kontakt.

Kommer der følelser, så lad dem få frit løb og folde sig ud. Følelserne kommer gennem den kontakt, du får med denne fysiske proces.

Og idet du lander i dette vidunder, prøv at erkend dette under.

Netop nu, er det et guddommeligt under, et skabelses vidunder.

Læg dine forudindtagethed, din smerte ved at have en krop.

Læg din smerte ved at skulle inkarnere senere i denne krop, prøv blot at mærke rent det faktum, at din krop bliver skabt.

Og idet din krop bliver skabt, starter skabelsesprocessen, jordens under, dannelsen af et barn, af et foster, som bliver til et barn.

Føl fornemmelsen i kroppen efterhånden som den bliver dannet.

Føl fornemmelsen i kroppen efterhånden som den udvikler sig,

mærk, hvordan din krop folder sig ud,
udvikler hele tiden nye dele, nye frekvenser, nye fornemmelser,
nerver, hjerne, knogler, organer, hud og muskler.

Prøv at glide ind i den proces det er, at din krop bliver skabt.

Hold din opmærksomhed ved din fysiske krop og mærk, hvordan kroppens celler begynder at vibrere på en ny måde, ved en opkobling til din sjæls-indstrømning.

Måske kan du her mærke din sjælsfrekvens,

måske kan du se den langt fra,

måske du opdager den lander, forbinder sig til og knytter sig til din fysiske krop,

denne sjælsindstrømning af dig,

helt dig,

helt dig.

Tag imod dig selv, tag imod din sjælsfrekvens, hvordan du end mærker den lander i dig,

lander i barnets krop, i det ufødte barns krop, i den krop som din.

Frekvensen forbinder sig ind i kroppen.

Måske du mærker, at forbindelsen ikke er jævn. Måske du mærker, at forbindelsen blot bliver etableret for at sikre kroppens overlevelse og dermed sikrer, at du skabes, men at sjælen samtidig er distant, ikke så kontaktbar, er fjern.

I er mange, som har været udsat for forskellige stresstilstande i jeres moders livmoder. Udsat for forskellige former for forgiftninger, gennem medicinindtag, indånding og påvirkning af giftstoffer og tungmetaller.

Måske du kan mærke disse påvirkninger, måske du kan mærke din krop mistrives som en reaktion på disse påvirkninger.

Andre oplever i denne tilvækst og udviklingsproces som foster, at de beskyttelses-mekanismer som sjælen skulle bibringe er ubalancerede og at du, som foster bliver påvirket i så høj grad af din moders tilstand, så påvirket af omgivelserne, at det forstyrrer din balance, at det forstyrrer din udvikling.

Oplever du sådanne påvirkninger, så læn dig ind i vores frekvens, læg dig på vores vingesus, læg dig på vores lyd, og få hjælp til at reparere, genetablere en balance.

En balance hvor et foster kan være foster,

en balance som kan svøbe dig, din krop, dit nervesystem,

en balance som kan rumme den sjælsindstrømning du har brug for.

Den sjælsindstrømning som er din, den sjælsindstrømning som var din, som er din og som altid vil være din.

Mærk hvordan din bevidsthed bliver healet, du får en mulighed for at danne dig en ny historie, en ny erindring om livet i din moders skød.

Og vi beder dig om at forbinde dig til din sjælsindstømning.

Måske du straks bliver trukket væk, idet du vender din opmærksomhed mod din sjælsindstrømning.

Måske du bliver fanget af noget, du føler som fremmet, eller som velkendt, eller som dig.

Accepter de fornemmelser du får, accepter hvor processen fører dig hen, idet det er en helbredelsesproces.

Og idet du vover at tage imod, kan du også modtage helbredelsen og dermed etablere en større udvekslingsforbindelse mellem din krop og din sjælsind-strømning.

Meningen med sjælsindstrømningen er, at den skal etableres,

meningen med sjælsindstrømningen er, at du skal vide, at den er der.

Vi ved, I er mange, som har været i tvivl om dennes eksistens.

Vi ved, I er mange, som har manifesteret mange former for svigt i jeres fysiske liv som en reaktion på din sjæls fravær.

Vi ved, I er mange, som har lidt under dens fravær, så vi skaber nu et rum hvorfra du, fra din fysiske oprindelse, kan smelte fuldt og helt sammen med din sjælsforbindelse.

Kan smelte fuldt og helt sammen med din sjælsvibration. De kvaliteter, som din sjæl bærer ind, får manifestering i dette liv.

Lad dig fylde op,

lad dig blive mødt,

tillad dig at svæve i dit sjælslys.

Tillad dig at svæve i dit fosters fysiske krop.

Tillad dig at blive modtaget i disse to dimensionslag:

det fysiske, gennem den fysiske krop inde i livmoderen,

sjælsfrekvensen, som kommer og overskygger alt mørket.

Sjælsfrekvensen, som overskygger ubalancer fra mulige fysiske forgiftninger, fra destruktive følelsesmæssige påvirkninger fra din mor.

Prøv at mærke, hvordan dit sjælslys nærmest kan brænde disse erindringer væk, prøv at mærke hvordan dit sjælslys nærmest kan rense din erindring i din krop.

Tillad dig at tage imod dette lys, tillad dig denne rensning, du er det værd, du har fortjent det, det er dig.

Og ind i feltet træder forskellige engle.

Engle som bærer en erindring om, hvordan det er at være NY i en vibration.

Engle som bærer en erindring om, hvordan det er at være NY i et land, i en form, i en frekvens.

Disse engle er kærligt nysgerrige som børn er flest. Og du kan, hvis du ønsker det og føler dig klar til det, byde dem ind i din favn, og idet du byder dem ind i din favn så vil du få del af den glæde, den umiddelbare glæde som er ved et liv.

Den umiddelbare glæde, at have en form.

Den umiddelbare glæde, at have en krop.

Har du svært ved at føle, fange, genkende den glæde ved at have en krop, da kan disse engle hjælpe dig med at genfinde den glæde.

De har en dyb glæde ved deres form, ved deres energetiske vibrationsform, ved deres lysfrekvens som, idet vi er i dette sted, i dette bevidsthedsfelt, i denne portal, kan formidles på en måde så du næsten kan mærke den som fysisk.

Tillad disse engle at være med dig, at blive med dig i den proces, der følger op til din fødsel.

Tillad disse engle at lægge sig som en beskyttelse mod den fysiske påvirkning, din fødsel har på din krop.

I er mange som bærer dybe fødselstraumer,

I er mange, som bærer dybe sjælsskader fra jeres fødsel.

I er mange, som har fået programmeret jer til opgivelse, nyttesløshed, at der ikke er noget godt i det at have en fysisk krop, at der ikke er noget formål med det at blive født.

Dette, siger vi dig, er ikke sandt, men vi anerkender den smerte og lidelse du har båret på.

Mange har arbejdet på mange forskellige måder med denne fødselsproblematik, og for hver en metode, for hver gang du har tilladt dig at gå ind og forvandle bindinger og traumer, er du blevet forvandlet en smule.

Vi vil gennem denne proces heale de skader, som er opstået i din kontakt med og forbindelsen med din sjæl.

De skader, der er opstået gennem din opfattelse af din sjæl igennem din fysiske krop, og dermed den identitet du bærer ind i opfyldelse af at være barn.

Nogle af jer blev, gennem jeres fødsel, født ind som sjælsforladte børn. Det smerter vore hjerter, og vi er med dig som oplevede dette.

Mærk vores støtte, mærk vores kærlighed og lad os hjælpe dig med at hele denne oplevelse.

Nogle af jer blev født ind med fysiske skader fra voldsomme fødsler, hvor overlevelse var målet, overlevelse var succesen og da du er her i dag, er du beviset for denne succes. Men meget fysisk lidelse fra en fødselsproces kan sidde i dine celler, dybt i dig.

Vi er her for dig, mærk vores nærvær.

Mærk, at du har mulighed for at forvandle din cellers erindring.

Dine cellers erindring fra den fødselsoplevelse,

som var alt for voldsomt,

alt for tidligt,

alt for ensom,

alt for smertefuldt.

Idet du åbner for vores frekvens, idet du tager disse små engle ind i dit hjerte, kan du gå igennem din fødselsproces med den støtte der er indeni, fra disse engle, som kender barnets glæder.

Den støtte vi herudefra kan bidrage til er, at din oplevelse af fødselsprocessen bliver konstruktiv, bliver et samarbejde mellem din moders krop og dig.

Og er der andre mennesker, som griber ind i fødslen for at sikre din overlevelse gennem indgreb, så lægger vi vores vibration ind omkring kniven.

Vi lægger vores vibration ind om de hænder, der griber dig og trækker dig ud.

20

Vi lægger vores vibration ind omkring de hænder tager imod dig, vikler navlestrengen væk fra din nakke, tager imod dig med blide hænder.

Vi lægger vores opmærksomhed ind og møder dig i vores frekvenser, i kærlighed, i det øjeblik du bryder ud og mærker luften på din hud for første gang.

Det er vores frekvens, du møder igennem denne luft som stryger over din hud, det er vores engle frekvens, som stryger dig over hovedet.

Det er vores frekvens der griber dine skuldre, din krop og du mærker, at du er vel modtager.

Du mærker, du er velkommen her i livet.

Du mærker, du er ønsket i dette liv, og at vi anerkender dig for din indsats i processen med at tiltræde det at være i fysisk liv.

Tillad dig at tage imod den støtte vi giver dig, således at luften omkring dig er en Angelisk vibration,

således at den fysiske påvirkning af luften på din hud,

af luften ind i din mund,

ned i dine luftveje, dine lunger også er en Angelisk frekvens, som fylder dine lunger i din første vejrtrækning,

idet du trækker dit vejr, idet du manifesterer du er i live som et selvstændigt individ.

Du mærker måske dit hjerteslag,

du mærker dine lungers bevægelse,

men mærk ligeledes hvordan hænderne, der griber dig nu er belagt med vores vibration, således at den berøring du modtager er en, som genkender dig, som anerkender dig, som elsker dig præcis som du er.

Og idet denne proces begynder at integreres på en måde, så du rent faktisk opdager, at dét, som virker som en drøm, måske faktisk ér sandt, kan vibrationen lande dybere ind i din krop og derved trække nogle følelser med ind i din fysiske krop.

Følelser af at være modtaget, følelser af at være ventet, af at være anerkendt, af at være elsket.

Prøv at mærke, at disse følelser har en klangbund inde i dig.

Og idet du mærker din krop med disse følelser og mærker disse følelser med din krop, får du en mulighed for at forbinde disse to verdener.

Erkende at din krop kan være ønsket,

at din krop kan være velkommen,

at din krop kan være ventet,

at din krop kan være værd at elske,

at din krop kan være kærlighed.

Og du kan næsten kan falde ind i den opfattelse af, at det er godt at have et fysisk liv, en fysisk krop.

Tillad disse små engle, at vibrere den glæde ind, som hører til et lille barn, som hører til et spædbarn, som er glad og tilfreds, et spædbarn som får det han eller hun har brug for, som er mødt, som er elsket og som er sørget for på alle måder.

Og idet du er i denne tilstand, kan din sjælsindstrømning forbinde sig dybere ind i din krop, forbinde sig dybere til den del af dig, som er dit væsen, som er din bevidsthed, som er dig, hvor du end definerer dig.

Mærk, hvordan sjælsfrekvensen glider rundt om kroppen og beliver dit æteriske legeme.

Det æteriske legeme, som ligger lige over huden, som har form som din krop og som bliver tændt i den sjælsfrekvens, du har.

Måske du mærker det som du bliver en farve,

måske du mærker det som en vibration,

måske du mærker det fysisk forskellige steder i din krop.

For nogle går denne proces meget hurtigt.

For andre er det en længere proces, som folder sig ud, i små afgrænsede områder af kroppen, en underarm, en del af hovedet, et organ, en fod.

Og imens denne proces folder sig ud, danser disse engle rundt omkring dig og jubler over dine fremskridt.

Jubler over dine fremskridt med at blive dig selv og åbne for den barnlige glæde, som skulle være alle til dels og som du nu får mulighed for faktisk at få til dels.

For nogle kommer der nu forskellige barndomserindringer ind i bevidstheden.

Vi opfordrer dig til at gå ind i disse erindringer, hvis det er tidlige erindringer, og ellers forsøge at holde din opmærksomhed på vores vibration, da vi gerne vil afslutte denne proces i kontakt med du, som er en tumling.

Processen arbejder en stund endnu. Og den begynder at lande. Og idet den lander, prøv at mærk din krop, din fysiske krop.
Hvis du synes din krop er blevet større, så er det godt. Så er det fordi du har taget bolig i din krop.

Du har taget bevidsthedsmæssig bolig i din krop. Det er ikke, fordi du fysisk er vokset en størrelse, kan vi berolige dig med, men blot at din opmærksomhed er åbnet således, at alting kan virke større, bedre, sjovere og det er godt.

Vi går over til den sidste del af denne sjælsindstrømning til dig som barn, og vi lægger nu en kraftig støtte ind til den fase, hvor du er født, men du er stadigvæk så spæd, at du på nogle områder ikke helt er bevidst om, at du faktisk er født.

Måske du får fornemmelsen af, at du har en fysisk krop, du er et fysisk selvstændig barn,

du har en fysisk selvstændig barnekrop og dog er du ikke i den.

Måske er det, fordi du ikke ønsker at være i den, fordi dit liv er trangt og lidelsesfuldt, måske er det fordi du blot er desorienteret.

Netop nu lægger vi en støtte ind, som er som en slags overgangsbro, således at du kan få hjælp til endnu engang at integrere din sjælsindstrømning, men denne gang i din krop, i din fysiske selvstændige barnekrop.

Din krop, som er din, som er afgrænset af din hud, som ikke er en del af din mors krop men som nu er en selvstændig krop, hvor du trækker vejret, hjertet slår, kredsløbet fungerer, dine instinkter sørger for, at du signalerer dit sult og behov for hvile og trøst.

Og vi mærker, hvordan I er mange, som har mistet kontakten med jeres sjælsindstrømning i denne fase og vi ved, fra at have fulgt jer, at det har skabt lidelse i jeres liv.

Til det træder vores engle-korps ind,

står om dig som en cirkel og kalder på din sjæl,

bærer din krop,

holder din krop frem, for at din sjæl kan genetablerer den fulde indstrømning til denne guddommelige skabte barnekrop.

Mærk, hvordan processen fortættes,

Mærk, hvordan sjælsenergien begynder at strømme ind i din fysiske krop.

Måske som en bølge, måske som dråber, som lander stille i dit væsen, i din fysiske krop.

Måske du mærker, du forsvinder.

Måske du mærker, du synes dette er dumt, eller alt for meget, måske du bliver vred eller irriteret.

Dette er fra overlevelsesmekanismer, du brugte på dette tidspunkt og senere, for at beskytte dig imod at mærke det afsavn, ikke at have fuld kontakt med din sjælsindstrømning.

Hav overbærenhed med dig selv, stryg dig selv sammen med os, over din kind.

Tag dig selv, sammen med Vi, i hånden, bring dig tilbage til din krop, ud af ar-rigskaben, ud af det nytteløse og ind i den vished der er i, at du er i live og har en sjælskontakt.

Du har dit livs formål knyttet ind i denne krop, som er dit fartøj, hvorigennem du kan udleve dit liv. Dette fartøj som nu bliver revitaliseret og forbundet til nye lag af din sjælskontakt.

Universet jubler med dig, vi jubler med dig og det er rørende, at få lov at dele denne genfødselsproces med dig, din sjæl, din fysiske krop, din fysiske tilstand som også er en sjælelig tilstand, som også er en fysisk tilstand og igen en sjælelig tilstand.

For disse to aspekter er et hele og når de er et hele, er det der, hvor du kan favne din barndom fra dette perspektiv - favne de kvaliteter ud fra et udgangspunkt, hvor du ikke blot er en krop eller en sjæl, men er hele dig.

Dette er en af forudsætningerne for at kunne åbne balanceret til andre dimensionslag.

Alle har været et barn og alle jer, som læser dette, er blevet til en voksen og undervejs har din proces haft en konsekvens for din sjælskontakt.

I den sidste del vil vi give dig støtte til at heale din sjælskontakt, som voksen, den alder du er nu.

Idet du har en erindring om en sjælskontakt som spæd, som nyfødt, da vil du også kunne etablere den lige nu, i den krop du beboer lige nu, med det sanseapparat du bruger til at lytte til disse ord, med den voksne del af dig, i al dens begrænsning, i al dens visdom og i al dens menneskeerfaring.

Der er flere lag af modstand som kommer op. Et af dem er:" det har jeg prø-
vet og det virker alligevel ikke" eller "det gør ingen forskel, hvor meget jeg end
forsøger"

Vi møder dig i dette mønster, i den del af dig, der føler dig uværdig og ikke i
stand til at hjælpe dig selv.

Vi møder dig, i den del af dig der ikke synes, du er det værd, som har opgivet
for længe siden og som nu bare hænger på efter bedste beskub.

Vi møder dig i den del, der arbejder og arbejder og arbejder for at holde dig i
balance, for at gøre de ting du er sat her i livet for at gøre, men hvor konse-
kvensen for dig indeni er stor,

og vi kommer nu med denne vibration, med denne vores Angeliske kærlighed,
som strømmer ind i dig, denne kærlighed, som åbner dig for den erkendelse,

at dit sjælsliv stadig er der,

at din sjælsvibration stadig er her,

at din sjælsvibration vil dig,

ønsker dig,

kan dig,

elsker dig.

Og idet du indefra og ud vover gøre dig blød og åbne dit hjerte, se hvordan det strømmer ind i dig.

Og vi glædes, vi glædes, vi glædes, ved at se dig genfinde dig selv.

Genfinde din sjælelige oprindelse, som er det største og bedste udgangspunkt og vilkår, for at kunne være et fysisk menneske i balance og selvkærlighed.

Processen folder sig ud.

Vi er om dig.

Vi lægger en hånd hvor du har brug for det,

lægger en hånd både på din fysiske krop og på de følelser som er svære.

De følelser du synes er forkerte, vi lægger en hånd om det du måtte opgive, fordi det gjorde for ondt.

Vi lægger en hånd om det du måtte opgive, fordi lidelsen var for stor, eller fordi modstanden var for stor.

Vi lægger en hånd om den smerte, som er opstået på grund af denne længsel efter din sjæl.

Og krystallerne vibrerer ind i dit hjerte.

Forskellige krystallinske figurer, som vækker din hjertes frekvens,

som vækker dit hjertes vitalitet,

som vækker dit hjertes længsel efter at være i livet som en voksen med fysisk og sjælelig kontakt - som et helt menneske.

Kig dig om efter de små engle og se, at de stadig tumler omkring dig, og det vil de gøre, så længe du har brug for at blive mindet om

glæden ved at være i live,

glæden ved at være et menneske,

glæden ved at have en fysiske krop, at kunne gå ud og mærke blæsten på din hud, at mærke solens varme stråler på din hud, at bruge dine øjne og se skønheden med fuglene og træerne og vindens hvislen i grenene.

At være et menneske er at være en del af naturen, er at være en del af naturens orden og lovmæssighed.

At du er her har en betydning.

Vi hilser dig i denne proces og vi takker for, vi har måtte være dig til assistance.

Vi ser frem til næste proces, hvor vi vil fortsætte arbejdet med at assistere dig, med at blive fuld og hel, men næste gang i dimensionslag, som ligger ud over din sjælelige konstitution.

Krystallerne vil fortsat være i dit energetiske felt, nogle vil kunne se og mærke dem, især om natten når du sover.

De vil bringe magnetiske frekvenser, som vil hjælpe dig med at lande i denne proces og integrere den indsigt, visdom og erkendelse, du har fået i denne transmission.

Lyd til din indre impuls, inden du går videre til næste transmission. Måske skal du læse transmissionen igen, måske holde en integrations-pause, måske du straks skal læse videre.

Du ved det i din indre visdom.

Vi er Metatron med Kryon og det Interplanetariske Samfund igennem denne kanal.

Sørg for at tage vare på dig selv og giv din krop omsorg, næring og væske. På den måde ærer du den sjælsproces, der er landet i din fysiske krop

2. Transmission

Vi er Kryon, som træder ind i feltet for at formidle denne transmission.

Vi åbner feltet og breder et tæppe ud, du kan træde ind på.

Breder et tæppe ud, som er dit at stå på,
breder et tæppe ud, som er dit at gå på,
breder et tæppe ud, som er dit at leve og være tilstede på.

Vi åbner feltet og vi skaber det fundament, hvorpå du kan hvile i denne transmission.

Se ned på det tæppe du står på.

Måske er det et håndknyttet tæppe med mønster, med farver former, måske er det et tæppe, som er ens i farven, neutralt? måske er det et tæppe, som er naturens tæppe, som er græs, jord, klipper, blomster.

Mærk den tilstand du træder ind i, idet du bliver bevidst om dette tæppe, du står på.

Mærk den tilstand du bliver bevidst om, når du er på dette tæppe.

Mærk den tilstand du bliver bevidst om, idet du tager imod den støtte det er at stå på dette tæppe, for du mærker tæppet, du mærker græsset, men du mærker også det, der ligger under tæppet og under græsset.

Jorden, den klode du bor på, den forbindelse du har gennem naturen, at være tilstede her. Mærk hvordan du lander, på denne jord.

I første transmission har vi arbejdet med din sjælsforbindelse, og i denne transmission vil vi arbejde med forbindelsen til din krop og til det at være menneske.

Et menneske, som har trådt mange skridt på denne jord, et menneske, som har levet mange inkarnationer på denne jord, et menneske, som er underlagt de vilkår, som er på denne jord.

At være i kød er et vilkår for dig der læser. At være i kød er det vilkår, som sætter rammen for din tilværelse.

Intentionen med dette kødelige liv er, at sjælen skal leve i denne fysiske form du befinder dig i, at sjælen skal leve i din tilværelse, at sjælen skal sørge for du holder dig i balance, sund og rask.

Energien lægger sig ind omkring din fysiske konstitution.

Energien lægger sig ind og forbinder sig først til det æteriske lag omkring overfladen af din krop,

smelter ind og får kontakt med huden,

vækker hudens overflade,

vækker kroppens overflade, foran og bagpå, på siderne.

Vibrationen glider længere ind, omfavner stadigvæk hele din krop, glider ind gennem muskelvæv, nerver.

Arbejder med din krop, så alle dine fysiske celler bliver påvirket af denne vibration.

Arbejder med din krop, så dine celler får en mulighed for at blive opdateret til den nutidige energi, som er tilgængelig, den nutidige energi som er indstrømmende.

Den nutidige energi, som har en balance som kan gøre godt i din fysiske krop. Nogle steder i din krop kommer vibrationen så langt ind, at den møder knogler.
Knoglernes væv bliver ligeledes belivet af denne vibration. Du bliver renset og lutret, for gamle slag og skader.

Og idet du begynder at få en bevidst fornemmelse af, hvad denne proces gør i din krop, åbner din krop sig i et nyt niveau, åbner din krop sig på en måde, hvorpå den erfarer andre muligheder.

En måde, hvor den slipper gamle mønstre, som kommer af ubalancer og blokeringer.

Denne proces sker i dine muskler, men den sker også i dine led og i dine organer.

Og idet du bliver lutret i kontakten med din krop, træder englefeltet ind og kobler sig på denne proces.

Dette kan lade sig gøre, da du lader din opmærksomhed åbne dig ind i disse lag.

Processen forstærkes i din rygsøjle, i din nakken,

processen forstærkes i dit hoved, i din hjerne

og idet processen forstærkes, øges vibrationen i den højest vibrerende del af dit nervesystem,

din rygmarv og din hjerne,

og med englenes støtte begynder din rygmarv, din rygsøjle stille at vibrere,

stille at højne sin vibration,

stille at klare sin vibration.

Vibrationen går dybere.

Den lægger sig om dine ryghvirvler og den glider ind i dine mellemrum mellem ryghvirvlerne, hvor I er mange, som har skader på jeres discs.

Måske du mærker sensationer og bevægelser ud i din krop. Det er fordi der bliver arbejdet med restitution af nerver i din rygsøjle, nerver som ender ude i dine arme og dine ben, dine organer, dine muskler og du kan måske mærke reaktioner der.

Lyset begynder at glide ind, kommer tættere på rygmarven.

Lyset lægger sig på indersiden af hulrummet i dine ryghvirvler, disse ryghvirvler som beskytter rygmarven, som beskytter cerebrospinal-væsken og som beliver denne del af dit nervesystem.

Og idet din rygmarv begynder at respondere på denne vibration, begynder den at kunne udveksle med det lys, den vibration der tilbydes.

I takt med processen folder sig ud, optager din rygmarv denne frekvens og begynder at respondere i takt og samklang.

Din rygmarv bliver næret, nervereceptorerne nærmest tændes og idet de tændes, får din krop mulighed for at vibrere med en højere frekvens, en frekvens, som er mere passende til den nutid vi er i.

Processen folder sig langsomt ud i din rygsøjle.

Din rygmarv skal bruge tid til at integrere denne frekvens, skal bruge tid til at optage de vibrationer, i den takt det er muligt i den takt det er gavnligt, i den takt det er korrekt.

Og processen åbner sig op til din nakke.

Din nakke, som bærer mange udfordringer.

Fra barndommens skader fra fald og slag, men også karmiske erindringer om overgreb og fysisk død gennem læsioner i din hals og nakke.

Healingen og vibrationen glider ind omkring din nakkehvirvler og ganske, ganske langsomt begynder disse nakkehvirvler at åbne og spænde af, give slip gradvist, gradvist og forsigtigt.

Vibrationen knytter sig ind til mellemrummene mellem dine hvirvler, skaber plads og åbner for dine discs kan slippe noget af den spænding de bærer.

Ganske langsomt glider vibrationen ind og forbinder sig med din rygmarv.

Processen tager tid, idet det er et sårbart område, hvor du ikke kommer ofte med din opmærksomhed.

Vibrationen hører kroppen til, men også din sjæls, for her, øverst oppe i nakken, i det I kalder medulla - det bløde punkt lige over det øverste nakkehvirvel, knytter din sølvsnor sig til kroppen.

Sølvsnoren, som er din mest fysiske forbindelse mellem sjæl og krop. Sølvsnoren som, når den brister, rejser med din sjæl op til mellemrummet og din krop afgår ved døden.

Nakkens forbindelse til sølvsnoren gør, at I har brug for stor beskyttelse, brug for stor styrke, brug for modstande mod at tage forandringer ind uden først at afprøve dem, idet energetiske forandringer i disse områder kan have en meget stor betydning for dit velbefindende, for din forbindelse til din sjæl.

For nogle vil dette give meget dyb mening og forklare, hvorfor du i nogle sammenhænge oplever forskellige metoder, der arbejder med din nakke som behagelige eller ubehagelige.

Måske du oplever, hvordan processer kan blive sat i gang ved meget uskyldige berøringer.

For andre vil dette ikke være en problematik, du har beskæftiget dig med, da du ikke har haft skader, som har mobiliseret disse beskyttelses-mekanismers forsvar i din nakke.

Vibrationen arbejder sig langsomt ind og op i din nakke, forbinder sig til cerebrospinal væsken i rygsøjlen omkring rygmarven.

Måske du mærker, at væsken reagerer på vibrationen, at molekylerne i væsken nærmest bliver tændt af vibrationen.

Langsomt, forsigtigt, forbinder vibrationen sig med denne væske i din nakke,

måske du mærker reaktionen ud i din sølvsnor,

ud i din hjerne,

måske du bliver meget træt.

Alt er i den fineste orden. Vibrationen er høj og og lukker dit nervesystem ned, er det helt som det skal være.

Vibrationen glider opad i nakken og nærmer sig rygmarvens overflade.

Rygmarven, som er den højest vibrerende samling af nerveceller du har i din krop, og dermed det sted - det område, hvor vibrationen kan folde sig ind i dette neurale væv, hvor den elektriske vibration er høj.

Og langsomt, langsomt forbinder vi os med din rygmarv i din nakke.

Processen folder sig ud, og vi nærmer os den øverste del af din nakke og dermed området, hvor din sølvsnor forbinder sig til din fysiske krop, til den faste del af din hjerne, til det guddommelige ankringssted hvorigennem din sjæl vibrerer frekvens ind i din fysiske krop.

Og vi nærmer os nu den proces, vi afsluttede første transmission med. Vi fortsætter den, men denne gang som en sjælsproces med formidling ind i din fysiske dimension. Det kan lade sig gøre gennem denne højnelse af vibration i din rygmarv.

Måske du mærker reaktioner i kraniet, ansigtet, i øjnene. Måske du mærker mindre.

Vibrationen lægger sig omkring dit baghoved, ind omkring buen i dit baghoved, i bunden af dit baghoved.

Og vibrationen er så høj, at du muligvis driver væk - forsvinder ind i de processer, som arbejder med din hjerne.

Vibrationen lægger sig omkring din øverste del af din rygmarv, den del som skyder op i hjernen, hvor du registrerer fare, hvor din hjerne hjælper dig til at flytte dig væk fra denne fare – der hvor din hjerne hjælper dig med at redde dig selv, din krop.

Bevægelsen arbejder sig ind i dit baghoved, i lillehjernen, og vibrationen lægger sig ind, nærmest favner dette område.

Igen bliver din forbindelse til din sølvsnor - til din sjælskontakt opdateret.

I takt med din hjerne bliver kalibreret, tager imod denne indstrømning af vibration, begynder selve hjernen at vibrere, justere sig i samklang med denne transmissionsenergi og langsomt åbner hjernen sig for denne vibration.

Processen går på mennesketids-opfattelse langsomt, men stiller du ind på vibrationen som arbejder, kan du måske se myriader af neurale eksplosioner, forbindelser og tændinger, og din hjernes udstråling opdateres, din hjernes beskyttende hinder afbalanceres.

Og langsomt, langsomt nærmer frekvensen sig din fysiske pineal-kirtel.

Den fysiske pinealkirtel, som er udgangspunktet for dit energetiske pandechakra og som møder dit kronechakra's indstrømning inde midt i hovedet.

Og idet vibrationen begynder at bade pineal-kirtlen, begynder dine to chakraer at vibrere. Og igennem denne proces, åbner din bevidsthed sig og rejsen kan begynde,

Bevidsthedsrejsen kan begynde, idet du nu har en forbindelse til det højeste af det, du bringer ind i din fysiske krop, din sjæl og samtidig er dit nervesystem blevet opgraderet således, at vibrationen er i sammenklang med de kosmiske og galaktiske energier, som vi skal åbne i de kommende transmissioner.

Vi vil opfordre dig til at arbejde med denne energetiske transmission nogle gange, også selvom du måske bliver meget træt når du læser, idet processen vil skærpe dit instrument.

Skærpe dit instrument, således at du kan folde de kommende processer ud i flere lag i din krop, i din bevidsthed, på sjælsplan og i den treenighed der opstår, når du arbejder på disse tre niveauer på en gang.

En tilstand, hvor du i sandhed bliver et helt menneske, med bevidst kontakt til din krop, til dine følelser, til din mentale del, hvorigennem din bevidsthed og din sjæl arbejder.

Arbejdet fortsætter - giv dig selv den tid du behøver.

Du skal blot lade dig gribe, lade dig blive mødt, lade dig folde dig ud som du bedst kan, ind i din sjæls dyb, i din bevidsthed, i en væren med din krop.

Mærk, hvordan din aktivitet i dit kronechakra og dit pandechakra øger vitalitet omkring dit ansigt og dit hoved.

Øger aktiviteten i dit mentale felt, i det energetiske felt omkring dit hoved.

Mærker du pres, så tag en dyb indånding og ånd ud.

Energien arbejder sig bagud, ned langs din ryg, ned langs din rygsøjle og denne gang ikke inde i din rygsøjle men længere ud, arbejder med dit energifelt, din aura - hjælper din aura med at justere de forskellige dimensionslag, integrerer på forskellige sublime måder din auriske struktur, således at den proces, som vil brede sig fra din rygmarv, fra dit nervesystem, fra dine højtvibrerende chakraer kan blive integreret på en balanceret måde.

Processen er, at den proces, at blive belivet i sit nervesystem, kan blive bredt ud og belive din krop, belive din bevidsthed, belive dit energisystem.

Således du kan tiltrække det, du skal tiltrække,

således du kan arbejde konstruktivt med din bevidsthed,

således din bevidsthed bliver mere rummelig og robust.

Rummelig og robust gennem denne ankring i din fysiske krop og auriske struktur.

En balanceret struktur som kan understøtte dit energisystem, dine energicentrer, dit mediansystem og derigennem skabe sundhed og helse til dig.

Som sidste del i processen, arbejdes der først på bagsiden af dine energicentre, dinechakraer men således at vi blot lægger os ind og er tilstede - tilbyder en anden vibration.

Vi skruer ikke, vi drejer ikke, vi bestemmer ikke, vi giver en mulighed, vi giver et valg:

at din vibration, hvis det er korrekt for dette område, kan opjustere sig, integrere på en måde, hvor det er energicenteret - chakraet, som vækkes i bevidstheden og kan folde sig ud.

Kan bruge vores transmission til at stå på, som et tæppe og folde sig ud, præcist i den frekvens, præcis i den struktur, i den opsætning som er sand for dig.

I takt med dine energicentre vækkes, sker forandringen og integrationen ind igennem kroppen og ud på forsiden og dit felt åbner sig, som en sprudlende lysformidler af krystallinsk vibration.

Og vi trækker os langsomt op og gradvist ud af dit energetiske felt på en måde, hvor din egen vibration blot spreder sig ud.

Således, at du bliver fyldt med dig selv,

Fyldt med dig selv ii en højere frekvens,

i en frekvens som er dig.

Idet du er en del af denne visdom vi vibrerer ind,

Idet du er en del af denne oprindelses struktur,

som der nu er tid at blive åbnet for, og som vi vil arbejde med i næste transmission.

Tak for din indsats og tilstedeværelse.

Vi er Kryon i menneskehedens tjeneste.

3. Transmission

Vi er Metatron, i denne glædesstund, med dette felt, i denne samling, med dette næste træk, denne næste udvikling, denne næste åbning til dig som deltager i denne serie transmissioner.

Vi er, for vores vedkommende, klar til at træde ind i dette samarbejde, hvor vi frydes over du, som deltager ligeledes er parat til at træde ind med al din indre styrke, som bringer dig frem igennem livet, igennem din proces.

Vi fortsætter med den justering og genetablering af din sjælskontakt, vi arbejdede med i første episode, og den vigtige genetablering af sandheden;

at meningen med et jordisk liv er en sjælelig erfarings-udlevelse igennem kroppen - ikke et liv forladt af din sjæl.

Denne genetablering er meget vigtig, og du kan bruge den første transmission til at støtte dig på din vej i de kommende måneder, hvis du mærker du føler dig ensom, udmattet eller utilstrækkelig, - hvis du går med en følelse af ikke at kunne slå til i dit indre liv, kan du læse denne formidling igen, og vi vil støtte dig i at forbinde dig med det der er sandt, der er dig, med din sjælskontakt.

Idet du læser nu, reetableres og vækkes erindringen om den proces du blev ført igennem.

Processen i den 2. transmission var mere af stabiliserende karakter, idet den arbejdede dybt ind omkring din fysiske konstitution.

Den del af din fysiske konstitution, som skal være klar, stærk, på plads og robust for at kunne integrere og tage imod disse højfrekvente impulser og energier.

Så dit udgangspunkt er nu et meget balanceret, mere robust udgangspunkt for de kommende tre transmissioner. Dette gør, at vores frekvens kan vibreres mere facetteret ind.

Vi vil ikke sige stærkere og kraftigere ind, for det er ikke sandt. Hvis vi skulle bruge ordet kraftigere, ville det være for at formidle det ind til din menneske forståelse, for de vibrationer vi formidler er stærke og ikke stærke, kraftige og ikke kraftige - de er den kvalitet, de er.

Men den måde du kan åbne, integrere og modtage dem på er en anden.

Vend din opmærksomhed mod dit hjerte og indstil dig på en rejse, både ind i din egen oprindelse, men også ind i en oprindelse, som rummer kærlighed og visdom, glæde og erkendelse. Aspekter, I som mennesker ofte relaterer til noget uden for jer selv, noget som er en del af noget større, noget guddommeligt og ikke nødvendigvis relateret til dig som person.

Denne selvopfattelse er en illusion, og det er denne erkendelse, vi vil forsøge at formidle til dig i dag.

Vi arbejder fortsat på at lave et stabil fundament for arbejdet.

Hvis du bliver rastløs, så tillad dig at rejse dig, gå lidt rundt, tag vare på din
46

krop, som reagerer på dette forarbejde, som kan give pres i solar plexus når dit energisystem klargøres til, du kan få en kontakt med disse kvaliteter.

Glæde er en følelse, du kan være I kontakt med gennem et balanceret solar-plexus chakra.

Ubalancer kan give spændinger i mellemgulvet, i muskulaturen.

Spændinger, som prøver at lukke for glæden, lukke ned for følelserne og begynde at overleve. Mange har overlevet i lange perioder af livet og har udviklet kompenserings systemer, som mere eller mindre har gjort denne overlevelse succesfuld, glædesfyldt.

Overlevelse har altid været et vilkår, idet I har denne fysiske konstitution at jeres krop er forgængelig. Derfor har I brug for beskyttelsesmekanismer, da dette vilkår påvirker jeres sind.

Men I er også mange, som de sidste tyve år har arbejdet ihærdigt og utrætteligt for at luge ud i disse overlevelsesmekanismer.
Som har interesseret sig for jer selv, for jeres følelseslegemer, for jeres projektionsmønstre.
Som har arbejdet på at tage ansvar for disse, se igennem jeres mønstre, komme til at eje jeres følelser i jer selv, uden at projicere dem over i andre.

I har ligeledes arbejdet dybt i jeres hjerter.

I har arbejdet på at blive medfølende, åbne rummende over for andre.

I har arbejdet på at være ordentlige mennesker, anstændige mennesker.

Og I er lykkedes i høj grad, men i disse arbejdsomme processes er den glæde, I skulle føle ved at være til, ofte forsvundet eller blevet nedprioriteret for dette arbejde.

Man kan sige at I, i jeres personlige processer og personlige arbejde, er blevet 'karriere- mennesker', som vægter jeres udvikling og forandring meget højt.

Dette imødekommer vi, værdsætter og roser jer for.

Vores pointe er blot at glæden, i denne travlhed med at forandre sig, udvikle sig, følge med, følge det indre kald, som hele tiden har drevet jer frem for at være klar til 2012 - i denne travlhed har glæden ofte ikke været den, der har fået den største opmærksomhed.

Spirituelt arbejde har været koblet på følelser af kærlighed, fred og nåde.

Den nye frekvens, som kommer ind i jeres kollektive energi-felt nu, er en meget højt vibrerende glædes-frekvens.

Den strømmer ind, da jeres fælles kollektive frekvens hæves således, at den er i stand til at bære denne frekvens ind som en tilstand, som bindes ind i overskud, bindes ind i sjov, latter og glæde.

Jeg har da moret mig, tænker du måske, og du kan komme i tanke om perioder og episoder i dit liv, hvor glæden har været fremherskende. Når du har været forelsket, fået børn.

Der har været højtider, hvor miraklerne har været så store, at det har været en dyb glæde.

Denne glæde vi taler om her, er en glæde som kan lande i dig som et grundvilkår, som en del af din eksistens.

Det er, for mange, ikke 'tilladt' at relatere sig til en sådan glæde på nuværende tidspunkt.

Du kan måske relatere til din længsel mod at have en glæde i din dagligdag.

Som denne kanal, som altid glædes, når hun møder mennesker der fortæller, hvordan de slår øjnene op om morgenen og er lykkelige over, at der er endnu en dag og er glade for, hvor meget dejligt de skal opleve denne dag.

I er mange, som ikke har sådanne dage, i jeres arbejdsomme liv.
I er mange, som ligesom denne kanal kunne ønske jer, at hver morgen var sådan.
At lægge sig til ro om aftenen og glædes over, glæde sig til hvad man skal næstedag.
Og vågne næste dag og være lykkelig over, at nu er den kommet – denne glædesdag, så man kan komme i gang.

Du kan måske høre vores ord, du kan måske mærke din længsel og måske du også morer dig lidt, ligesom vi.

Det er en god start og inden transmissionen er omme, vil du have en anden og dybere kontakt til en forventning om, at det måske endda bliver muligt for dig.

Ind træder nu et triumvirat af engle.

Engle, som kaster glædestriller imod dig.

Engle, som i deres nærværd, med deres englevinger kontakter dit energetiske felt og ser dit indre barn.

Ser det barn, som jubler over at få øje på en lampe der lyser,
som jubler over solens lys stråle,
som ser på en søskende og griner hjerteligt,
som glædes over smagen af mad,
som jubler over at kunne rejse sig.

Læn dig ind i dit eget indre barn.

I de bevidste og ubevidste erindringer du bærer af glæde af dit første år.

Der har været episoder af glæde, for din livskraft har bragt dig dem igennem din væren, din livskraft har været bærer af din glæde over at se ting, at opleve, at bevæge sig.

Jeres dårlige erfaringer fra jeres barndom, hvor glæden manglede, presser sig på.

Englene lægger sig ind, tager dig i hånden, prøver at vende din opmærksomhed mod de stunder, du faktisk var i kontakt med den livsglæde.

Om det var fornemmelsen af græs under dine bare fødder,

frostklar luft på dine kinder,

vinden som kildede dig på kinden, mens du sad i din barnevogn.

En hund, som kom hen og lagde snuden op, og du blev glad og klukkede af glæde.

For nogle af jer, er de glædesbilleder som kommer ind i jeres sind, glædes-billeder af at være i naturen, glædesbilleder som kommer af kontakt med dyr, fordi det i naturen og i kontakt med dyr, kæledyr eller heste er der, du har haft en mere stabil glædes følelse.

En glædesfølelse, som har haft så stor åbning til dit sind, at andre mennesker ikke har kunnet tage den fra dig.

Det er i sandhed sørgeligt og slet ikke meningen, at andre kan tage glæden fra en, som oplever glæde. Men det er ikke desto mindre noget, I alle har prøvet. Nogle så ofte, at det føltes som der ingen glæde overhoved var.

Men glæden har været der som et vilkår i dit menneskesind,

i dit livsmod,

i din drivkraft,

i din overlevelsesevne,

og flere af jer har, selvom den måske har været gemt godt og grundigt væk, genetablere den og oplevet den igen som voksen.

Glæden ved at få børn fylder for mange. Jeres børn har, for mange af jer, givet jer en form for eksistensberettigelse.

Igennem den eksistensberettigelse og igennem jeres børns glæde, har I forsigtigt kunnet åbne til jeres egen indre glæde.

Andre igen, har valgt en livsvej, et arbejde, hvor vigtigheden og kaldet i arbejdet har været det, som har bragt dig glæde - som har vækket din glæde.

Mens vi taler, bliver de små adgange, hvor du har oplevet glæde forstærket igennem englenes tilstedeværelse således, at du kan komme i en dybere kontakt med de glædesfølelser, du faktisk har oplevet igennem dit liv.

På denne måde skaber vi en platform af glædeserfaring, kan man kalde det.

En platform, hvor glæde er en erkendelse og jo større erkendelse, glæde er i dit sind, jo nemmere er det for dig at tage imod den nye glædesfrekvens. Så vi er, kan man sige i gang med den personlige forberedelse.

Og vi vil bede dig vende din opmærksomhed ind og prøve at erindre, hvornår du sidst mærkede en følelse af glæde, som kom inde fra dig selv.

Ikke en glæde, som blev manifesteret af noget uden for dig, men en glæde som kom inde fra og ud.

En glæde, som måske kom da du opdagede, at jorden lugtede af forår.

Måske det bragte en svag impuls af livsglæde frem,

måske du straks skubbede den til side og gik videre,

måske du magtede at tage imod den og lade den fylde,

lade den fylde ud i dit bryst og blive til en stærkere glædesfølelse.

Måske mærkede du en glædes-følelse, der blev vakt af et medmenneske, som gjorde noget smukt.

Som måske ovenikøbet gjorde noget, der direkte bragte dig glæde, eller måske gjorde noget, der bragte andre glæde og derigennem vækkede din indre glæde.

Vi beder dig om at søge i dit sind. Søge i de sidste dage, uger eller år efter en episode, hvor du mærkede denne antænding.

Måske du er trænet i at lukke den ned. Det er ingen skam, men du har potentialet for at lære at tackle den på en anden måde nu.

Og vi mærker, at nogle af jer har mange af disse små gnister.

Nogle har nærmest gejsere af livsglæde som, når I mærker dem, bliver forstærkede og I er i stand til at stå med dem og glædes i dem.

Andre skal lede længe og ude i hjørnerne for at finde en lille impuls, som måske er meget svag.

Har du svært ved at finde en impuls og mærke ind, vil vi hjælpe dig med at tænde denne livsglæde- impuls i dig.

Og idet du kommer i kontakt med denne glædesfrekvens, øges fundament, vores glædesfundament.

Langsomt åbner vibrationen sig for den indstrømning, du får mulighed for at forbinde dig til, at få næring fra, genkende som din glædeskilde.

Og vibrationen klinger langsomt ind, hæver sig, og samtidig strømmer der forsigtigt, men uomtvisteligt, vibration ind.

Tillad blot processen som er meget energetisk og med få ord, så tag en stille stund.

Lad dig falde ind i dette brusebad af vibration, tillad dig at blive gennemstrømmet og overstrømmet.

Vibrationen formål er at vække,

vække erindringer,

vække det faktum at du ved, hvordan du er glad, du har blot en dårlig eller ingen kontakt med denne evne.

Nogle får forskellige billeder og fornemmelser, nu hvor kroppen bliver vækket.

Husker glæden af at spise en mad på en bænk ved en sø,

stå et bestemt sted og få øje på en svane, sidde med mennesker der er dig nær og se, de har det godt.

Disse fornemmelser, disse tilstande vækkes af den indstrømmende energi, og
54

den vækker dit system,

den vækker dit energisystem,

den vækker dine følelser,

og den vækker dine erindringer.

Den indstrømmende glædes-frekvens åbner dit hjerte, og igennem denne hjerteåbning, begynder dit solarplexus chakra at kunne åbne, vibrere en højere frekvens.

Måske du ser, hvordan vibrationen lægger sig ind i dit energisystem, i dit solarplexus chakra, som ligger i dit mellemgulv.

Måske du ser frekvensen som en tråd, der virker lidt anderledes end de energitråde, som er dit solarplexus.

Dette er den nye indstrømmende energi, som du på denne magiske vis tillader at komme ind. Du kan altid takke nej, du kan altid selv bestemme.

Metoden vi bruger er igen at vække din egen erindring, forstærke din adgang til dig selv,

til din sandhed i din krop, i dit energisystem,

til din sandhed i din sjæl, din kosmiske tilgang, til din galaktiske oprindelse,

og det er igennem denne opkobling, glædesvibrationen begynder at komme 'ind'.

Og vi siger komme ind, og det er ikke korrekt. Det er nærmere en opstået inde fra igennem en sandhedserkendelse, idet du får en kontakt med vibrationen, og dermed kan mærke sandheden i den.

Processen folder sig ud.

Der begynder at åbne sig en adgang til højere vibrationer af dig selv, til det vi vil kalde, din kosmiske oprindelse, din galaktiske kontakt og derigennem er der en kontakt med en oprindelse,

som er kærlighed og visdom i en enhedserkendelse af lyksalighed og nåde.

Denne lyksalighed er den, som begynder at åbne sig nu.

Lyksaligheden begynder at forbinde sig med feltet og den glæde, vi har aktiveret.

Lyksalighed tænker du, det er for stort et ord! Men nej siger vi. Lyksalighed er også til dig. Lyksaligheden kommer efter at have gået mange mil i søgen på visdom, kærlighed og nåde.

Da kommer lyksaligheden som et ekstra gode som det, der gør kærligheden sjov, visdommen fuld af glæde og dyb indsigt.

En glæde, som både er en glæde, der kan manifesteres i et sjæleligt liv og i et fysisk liv.

56

I et liv med en fysisk krop, som iblandt ikke giver dig meget glæde, men snarere udfordringer, smerter og svære problematikker.

Men vi vil vove at foreslå, at du tillige med disse opgaver og udfordringer, kan have adgang til glæde, lyksalighed og nåde, som kan give dig en helt anden adgang til indsigt i, og forståelse for udfordringerne i din fysiske krop, i dit følelsesvæsen, i dit følelsesliv.

Måske er du skolet til, at erkendelser åbner sig igennem dit hjerte. Skolet til, at erkendelser kommer fra kontakt med visdomslag, med erfaringer og indsigter.

Vi foreslår, at visdom og udvikling kan opstå gennem lyksalighed,

at visdom og bevidsthedsspring kan opstå gennem lyksalighed.

At hjerteåbninger og åbninger til dybe erkendelser, kærlighedskapaciteter og medfølelse ligeledes kan åbne sig igennem lyksalighed.

Nogle vil genkende denne frekvens, som vi formidler i disse ord, igennem den tantriske praksis. Den tantriske praksis, som er en skolet måde at arbejde med sin egen energiopbygning for derigennem at opnå tilstande af lyksalighed gennem kroppen og gennem energisystemet.

Erkendelsen og erfaringen er allerede på jorden for de få. Vi bruger den træning fra den buddiske tradition, vi bruger den træning, som har bredt sig ud i andre trænings-sammenhænge blandt mennesker, som har arbejdet intens med sig selv og deres bevidsthed gennem denne metode.

Og vi bruger det faktum, at erkendelsen ligger i jeres kollektive bevidsthed, til at formidle - først et ekko af denne sandhed – ind tæt ved dig, således du får mulighed for at mærke,

om dette ekko er noget, der vækker noget i dig, om dette ekko er en kvalitet, en erfaring du mærker som sand?

Oplysthed igennem lyksalighed, ikke gennem lidelse og hårdt arbejde.

Det lyder næsten for godt til at være sandt, mener du måske, men det er det ikke længere.

Tiden er, hvor det faktisk er muligt.

Men du presses i dit system, i dit energetiske system og måske du ligeledes presses i dine overbevisninger.

Overbevisninger, som det mærkes godt at holde fast i.

Livsanskuelser, måder at se verden på som du har lært, overlevet på, vedtaget, at det er bedst sådan her, og her er lyksalighed ikke nødvendigvis ikke en særlig stor del.

Hvem er VI, som kommer her og sætter lus i skindpelsen, på dine overbevisninger og trosystemer?

Prøv blot at slappe af, og læne dig ind, tage et par dybe vejrtrækninger og læn dig ind i den støtte, som faktisk bliver givet.

Måske følelserne kommer op, hvis du vover at give lidt slip.

Måske du allerede er dybt inde i dine lyksalighedsvibrationer.

Der er mange forskellige faser netop nu, vær blot i din.

Og din sjælsfamilie, din galaktiske oprindelse kommer ind og møder dig i din begrænsning.

Møder dig i den begrænsning, der afholder dig fra at tro, at du kan møde glæden og lyksaligheden.

Mærk, hvordan du bliver taget i hånden

Mærk, hvordan disse bevidstheder bærer lyksaligheden som et naturligt vilkår.

Glæden som et eksistens vilkår.

Du bliver gennem disse kontakter vækket i mange lag af frekvenser og kan således erfare,

 at sandheden eksisterer i mange forskellige former,

i mange forskellige vibrationslag, i mange forskellige frekvenser.

Måske du får en fornemmelse af, at du bliver barn igen, måske du i sandhed bliver voksen, igennem at kunne være i kontakt med din glæde, med lyksaligheden ind i din voksne krop.

Der træder forskellige hellige personer ind i feltet,

Kristus,

en bevidsthed, vi vil beskrive i frekvens lignende Johannes Døberen,

Mesteren Buddha, som formidler den medfølelses-energi, manifesteret gennem Hans Hellighed Dalai Lama.

Der manifesterer sig flere bodhisattvaer, hellige bevidstheder fra den Tibetanske tradition, og derigennem formidles en indsigt og et videns felt til os, idet disse bevidstheder har trænet deres sind og gennem træning opnået lyksalighed, Nirvana, himmels-kontakt - alt efter din trosoverbevisning.

Det felt de træder ind i og gavmildt åbner for os, er en gave – en bevidsthedsgave.

Alle har i flere inkarnationer været del af disse bevidstheds-træninger i disse buddhistiske, kristne, hinduistiske felter.

Og arbejdet dengang, i disse tidligere liv, gennem bevidsthedstræning er noget af det der gør, at disse hellige personer træder ind, stiller sig til rådighed for den erkendelsesformidling, der er til dig som en del af menneskeheden.

Mærk, hvordan du får muligheden for igen at resonere i et ekko af erkendelser om Nirvana,

om lyksalighed, om oplysthed, om himmelske tilstande.

60

Lyksalighed Lyksalighed Lyksalighed

Lad det strømme ind i dit hjerte. Lad det åbne dit sind Lad det fylde dig Lad det hele dine sår

Lad det hjælpe dig til at genetablere den sandhed at du, som et oprindeligt vilkår

ER glæde, ER lyksaligheden,

ligesom du er kærlighed og visdom.

Du kan lade dine usikkerheder, det du synes er så forkert ved dig, komme op og blive mødt.

Mødt af dette stærke felt af bevidstheder, som har erkendt sandheden, som har erkendt illusionen i at du ikke er noget værd, at du ingenting kan, at du er forkert, at du ikke slår til.

Alle disse illusioner, som virker så massive, at de ligger låg på den glæde som er dig, den lyksalighed, som er din oprindelse.

Lad dig svøbe i denne vibration, i denne tilstedeværelse, i denne energi.

Og feltet af Mestre og Bodhisattvaer slipper langsomt den direkte kontakt med feltet,

men erkend, at deres visdom er til rådighed for alle, der åbner og rækker ud, beder om hjælp.

Og der åbnes for, at du kan blive svøbt i din sjæls lyksalighed, at du kan lande i din sjælsglæde,

lande i dine erindringer om glæde som et vilkår, der hvor din sjæl udspringer.

Processen åbner dit energisystem, din aura.

Måske du mærker, hvordan dit hjerte både kan være åbent og sikkert, hvordan dit solarplexus kan være stærkt vibrerende og bærer af denne nye frekvens, som du skal vænne dig til, er en del af din eksistens.

Denne nye frekvens som du skal integrere, og som du vil komme i tanke om, når du ser en krokus, får øje på en stær, ser børn der ler, skoven der springer ud, og når du glædes over dine kære.

For hver gang du oplever glæde, manifesterer du din forbindelse til din egen indre kontakt med det vilkår, at livet også er glæde og lyksalighed.

Vi slipper langsomt, langsomt, langsomt det overordnede felt, og giver dig støtte til at lande i dig selv,
i din egen indre balance og finde fodfæste.

Prøv at mærke, at du er dig og samtidig en del af dette gruppe-felt, men du er også i allerhøjeste grad i stand til at stå i dig selv, i din kraft, i din styrke.

Lad dig blive svøbt, lad dig blive svøbt i din egen eksistens

og mærk, hvordan du kan benytte feltets tilstedeværelse som støtte til at lande i den eksistens, i glæde, i lyksalighed.

Den Angeliske treenighed opløser sin vibrationskontakt, og lægger sig ud i det felt, som vil støtte dig til næste møde, til næste kreds.

Vi vil være med dig indtil da, bevidst eller ubevidst, om du opdager det eller ej, men rækker du ud med din opmærksomhed i dit sind, så er vi der og vi hjælper dig med at nære din glæde og din lyksalighed.

Vi takker umådeligt for din deltagelse, for din villighed og din forpligtigelse ind i dette arbejde.

Vi er Metatron for nu

Det er en stor og facetteret adgang til visdom og erkendelser, du gennem transmissionen har fået kontakt til og blevet en del af, så læser du transmissionen igen, vil du kunne integrere nye lag, ikke kun af glæde og lyksalighed men også af visdom og indsigt.

4. Transmission

Denne transmission er fra Plejadernes Råd – og en meget højfrekvent energi, der formidles som en kvalitet en gruppe af bevidstheder, som formidler frekvens så differenceret, at du kan møde den visdom du har brug for, der hvor du er, på det sted, i den proces du er i dit liv, når du læser dette.

Vi er den mandlige, kvindelige, og neutrale enhed fra Plejadernes Højeste Råd, som vibrerer frekvens ind gennem et visdomsfelt, til denne samling.

Vi er repræsenteret med det nærmeste, vi kommer en maskulin menneskelig energi, vi er repræsenteret med det nærmeste, der ligner en feminin energi, vi er repræsenteret ved det, som i jordisk forstand kommer nærmest en neutral energi – en energi som både er maskulin og feminin, og derved skabes en tredje identitet, som er en fælles identitet der indeholder begge disse aspekter.

I der læser, har alle et af disse aspekter som identitet.

Og det er her processen starter - i erkendelse og visdom, bundet ind til det køn du lever dit liv igennem, til det køn dit fysiske udtryk har taget, en mand eller en kvinde og den visdom du har erfaret og båret ind netop igennem denne identitet.

Identitet er en strålende ting, idet identitet giver mulighed for at kunne oversætte impulser og erfaringer og dermed lære af dem. Er du for knyttet til din identitet, kan den blive dig en klods om benet.

Men identitet er konstruktivt og den største, den første identitet I mødes med og igennem er dit køn:

Det er en dreng!!! det er en pige!!! nogle er blevet mødt med: ti fingre, ti tæer, et velskabt barn og derefter kønnet.

Det er de færreste, der i det første møde er blevet mødt og set som den I er.

Identitet, kønsidentitet er således en del af den måde du bryder igennem og kommer ind i verden på.

Og du har oplevet meget læring, erfaret meget visdom gennem det køn du har.

Er du vokset op som en pige er der, lidt afhængig af din alder, nærmest forudbestemte læringer piger har lært i de forskellige generationer på jeres klode.

Er du i trediverne, har du lært forskellige sandheder omkring dit køn, hvad piger kan og ikke kan, er du i fyrrerne har du lært det på en lidt anden måde, er du i halvtreds- og tresserne og derover, har din opvækst som pige været ganske anderledes end de piger, som vokser op i dag.

Den visdom du har høstet igennem dit køn, har været dannet af tiden, dannet af kulturen, dannet af det bevidsthedsniveau, der var på den tid.

Er du vokset op som dreng, har du, hvis du er over halvtreds, sandsynligvis haft andre forudsætninger, fordi du VAR en dreng, er du over 60, har du helt sikkert haft flere fortrin og fordele ved at være en dreng.

Dit ejerskab af din identitet har således været koblet på den fordel det har været at være en dreng, en mand i mange sammenhænge.

For de yngre generationer blev disse kønsforskelle gradvis udvisket, men stadig er der sammenhænge, hvor fordele er knyttet til det at være en mand.

Dette skaber en vis adgang til et visdomslag, som er bundet ind omkring selvtillid, selvfølgelighed, og for nogle en ret til at eksisterer og have forskellige privileger, udelukkende igennem sit køn.

Vi bruger denne erkendelse, som I har opnået gennem jeres kønsidentitet, vi bruger den viden og indsigt I har opnået gennem jeres kønsidentitet, til at få kontakt med og resonere ind i en udveksling med dig.

En udveksling med du, der læser dette.

En udveksling med din visdom som er iboende, nøjagtig som din adgang til glæde og lyksalighed er iboende i din struktur, om du synes det kan passe eller ej.

Der er ikke noget du kan gøre forkert. Der er ikke noget i denne proces du kan være dårlig eller bedre til, det er præcis, som det skal være i denne proces.

Vi vil arbejde på at støtte dig i at åbne op for den visdom, som kommer inde fra dine erkendelseslag.

66

Den visdom, som bliver til visdom fordi du mærker, det ér visdom, Det ér vist, det ér sandt.

Der er ikke noget du skal tro på eller være i tvivl om.

Det er erkendelser, som bærer en sandhedsfrekvens. Erkendelser, forbundet til noget ud over dig, ud over dit menneskevæsen, som er en del af den universelle sandhed, den universelle visdom.

Lad dig gribe af strømmen, lad dig svøbe i den energetiske hjælp, der kan hjælpe med at åbne lag i dig, hvorfra du kender visdom, hvorfra visdom er en tilstand, du kan forbinde dig til i din bevidsthed, en tilstand du kan erkende sandheden af i din fysiske krops erkendelser.

Vibrationen øges.

Vi går langsomt frem, derfor vil du måske have brug for små pauser mens du læser, så du kan få tid til at vende din opmærksomhed indad og mærke i dig selv.

Frekvensen øges, og vi får kontakt med dine følelseslag, den del af dit sind, den del af dit energisystem, som transporterer dine følelser, som håndterer dine følelser. Nogle vil sige det er dig.

Vi er af en anden opfattelse - vi er af den opfattelse, at du lever og manifesterer dit indre liv gennem dine følelser. Nogle er hensigtsmæssige, andre er mindre hensigtsmæssige, nogle er voldsomt besværlige og andre er vældig,

vældig konstruktive.

Nogle følelser er dine egne, nogle er projektioner du tillægger andre, fordi du ikke kan rumme dine egne, alt sammen dele af et menneskeligt liv, et menneskeligt sind.

Vibrationen kommer ind og kaster lys på dit følelses felt, kaster lys på dine følelsesdimensioner, således du får en mulighed for at adskille følelser, som er meget massive, følelser som er meget tunge, følelser som tynger dit indre.

For nogle skaber dette ubehag, som kvalme, vrede, irritation. Får du det sådan, så tag nogle dybe åndedræt og ånd ud igennem din mund, for dermed slippe det pres, der har ligget i dine følelser.

Måske du har brug for at sætte lyd på din udånding.

Måske kommer ord og lyde fra dit indre i denne proces. Giv slip, tillad dig at give slip, tillad dig at tage imod den frekvens, der kan fortynde presset i dine følelser.

For nogle kommer angst og fortvivlelse op – måske sorg.

Idet disse følelser kommer op, er der i denne frekvens, i dette nærværd en støtte, der kan hjælpe dig med at forløse og slippe disse følelser. Du kan tage imod den støtte og igennem din udånding manifestere et slip af disse følelser.

Langsomt og forsigtigt åbner dit følelsesfelt sig, og du får en mulighed for at mærke dine følelser. Mærke dine følelser som følelser er, når de blot er en følelse.

Mærke dine følelser rent, når de ikke er koblet op på og bærer af ekko af chok, forskrækkelser, angst, fortvivlelse og sorg, men blot er følelser.

I denne tilstand at kunne mærke sine følelser u-emotionelt, får du en mulighed for at forbinde dig til følelsernes visdom.

Den visdom, som ligger i følelsernes kvalitet når de er rene. Den visdom, som ligger i følelsernes konstruktion, opbygning, kraft og tilstand.

I er mange, som har forbandet jeres følelser langt væk, idet de har skabt lidelse, lidelse og lidelse, idet følelserne har været så voldsomme og anstrengende. Det har krævet så meget personligt arbejde overhovedet at kunne håndtere og endsige difference og genkende disse følelser.

Dette ligger som et beskyttelseslag, og føler du sorg over dette store arbejde, denne udfordring, dit følelsesvæsen har skabt for dig i dette liv, så mærk det med vores støtte, med vores tilstedeværelse, med vibrationens tilstedeværelse og derigennem, i en erkendelse, i en tilstedeværelse med denne sandhed, vil du kunne åbne for visdommens lag.

For nogle af jer mærker I følelser, som er relateret til chok og forskrækkelser.

Sådanne forskrækkelser og følelser bundet dertil er beskyttelsesmekanismens natur, kaotiske uden retning, bundet ind til intethed, eller bundet ind til eksplosioner, ind til overlevelseskraft.

Vi byder disse følelser ind i feltet og står med dig,

mens du vover at mærke i dit indre følelsesliv,

om du bærer disse følelser,

om du føler dig klar til at tage dem i hånden,

bringe dem ud i lyset,

i vibrationen i dette arbejde, i dette transformations arbejde.

Og idet I tiltræder arbejdet så dedikeret, øges feltets styrke og det følelsesarbejde, en anden deltager og bidrager til feltet har lavet, smitter af på dig. I følelsesforløser, i synkron samklang, for jer selv - for hinanden. Gennem gruppefeltet skabes der en udveksling mellem alle, der har lyttet og læst og når en af jer bringer en oplevelse op og forløser den, gives en anden muligheden for at gøre den samme proces meget rent – meget enkelt.

I manifesterer medfølelse og solidaritet, I følelsesvæsner, som en samlet gruppe netop nu.

Du indtræder i gruppefeltet når du læser, idet tid er en lineær illusion og vi, i vores perspektiv, i vores formidling, arbejder uden tidsaspektet som begrænsning.

Følelsesarbejdet udfolder sig, om du er i kontakt med det eller ej.

Gradvist, som det følelsesmæssige kaos lettes og forløsninger øges, kommer der igen en slags klarhed ind i dette følelsesfelt, idet dine følelsers beskyttelseslag, reaktionslag og projektionslag er lettede.

Du får en mulighed for at mærke dit følelsesfelt på en ny måde, måske det føles nærmest tomt eller nøgent, som om du kan mærke de enkelte følelser, måske det føles som du pludselig har færre følelser. Måske du pludselig mærker, der er plads mellem dine følelser.

Det er disse afviklende processer, der har skabt denne plads og idet tilstanden breder sig ud i dig og i gruppefeltet, åbnes ganske langsomt en visdomsimpuls.

En visdomsimpuls som du måske mærker som værende langt væk, som en svag frekvens.

Mærk, hvordan du registrer denne visdomsfrekvens

Måske du mærker, hvordan den ligger dybt inde i en ren følelse, måske du mærker, den ligger som et net imellem følelserne.

Denne struktur, dette net mellem dine følelser er visdom, koblet til den måde du forvalter dit følelseslegeme, den måde du administrerer, udtrykker og udlever dine følelser.

Forbind dig til denne struktur, mærk at det også er dig, en visdom som er knyttet til en adfærd, til en struktur, til en formidling.

Jesus Kristus formidlede visdom. Som den profet han var, formidlede han visdom igennem kærlighed, igennem udtryk af følelser.

Mesteren Buddha formidlede visdom gennem træning af sindet, træning af følelsestilstande for derigennem at kunne leve følelsernes visdom og manifestation igennem kærlighed og medfølelse.

Således har du også i dit liv manifesteret visdom igennem dine følelser, og vi vækker en erindring om disse gerninger og håber på din anerkendelse af dig selv, i denne formidling.

Lad dig blive favnet i dine følelsers visdom, lad dig finde fred, i dine følelsers klarhed.

Mærk, hvordan processen manifesterer sig som en tilstand, du kan mærke både i dit sind, energetisk men også i din fysiske krop, idet følelsesforløsende arbejde har en fysiske konsekvens.

Så har du brug for at bevæge dig, rejse dig eller lægge dig ned, drikke vand, så tillad dig selv at følge den impuls, inden vi går over til næste fase som er visdommen i dine mentale lag - visdommen i dine tanker.

Og vi udvider vibrationen til både at favne denne følelsesproces, dine følelsesstrukturer og dine tankemæssige strukturer, som er fysisk forbundet til din hjerne - nogle af jer mærker stort tryk på jeres hoved.

Tag dybe vejrtrækninger og giv slip - gå i dialog med den vibration, der bringes.

Dialogen kan være skepsis og modstand.

Dialogen kan også være nysgerrig ærbødighed og en genkendelsesglæde over disse vibrationer, som folder sig om dine tanker og på magisk vis forsigtigt begynder at åbne dig for glæden.

Forbindelser fra tanker til glæde er måske overraskende. Det er fordi vi gennem dine tanker aktiverer processen fra sidst, og dermed møder dig i glæden.

Den glæde, der er relateret til at blive mødt,

til at blive set,

til at blive forstået,

ikke blot blive forstået igennem ord,

ikke blot blive forstået igennem dit køn og dens identitet,

men blive forstået gennem dine tanker og tankernes vibration, i et ordløst møde.

I et ordløst møde, hvor din forståelse bliver sat ud af spillet og kommunikationen blot flyder, da dine tanker spiller rent, bliver formidlet rent.

Idet de bliver formidlet rent, får du en kontakt med den kraft, de bærer ind.

Tanker er skarpe, tanker kan være kaotiske, tanker kan reflektoriske, tanker kan være bundet ind i destruktive gentagne mønstrer, knyttet til følelser som er ubearbejdede, tanker, som kan drive gæk med dig i en grad, at du næsten kan miste kontakten med dig selv.

Vibrationen ændres, idet vi begynder at få kontakt med dit mentale lag, nogle af jer bliver kuldskære.

Men idet frekvensen og vibrationen øges, begynder dine tanker at kunne slippe deres indbyrdes tilknytning.

Den tilknytning, hvor den ene tanke tager den anden, tager den ene, tager den anden i en konstant strøm af støj.

Vibrationen øge, for at få dig til at opleve, at dine tanker kan blive enkelte tanker, nærmest blive skilt fra hinanden. Nogle tanker opløser sig i denne proces - det er de tanker som er unyttige og uvigtige.

Mange af jer har meget destruktive tanker om jer selv, om livet.

Mærk vibrationen i disse destruktive tanker, måske du mærker dit hjerte bliver påvirket og du mærker dine destruktive tanker rent.

Frekvensen øges eller ændres, forandres endnu engang.

Og du har en mulighed for at bringe de mentale mønstre, som ikke tjener dig frem og få støtte til at forvandle dem således at du, inde bagved, kan åbne for en erkendelse af visdomslag

og igen mærker, ser, registrerer du energetisk en vibration, som kommer indefra og ud, udefra og ind, en frekvens, en visdomsfrekvens.

Denne visdomsfrekvens ligger ligeledes mellem dine tanker, og du opfordres til at se, hvordan du kan bruge dine tanker,

du kan skabe dine tanker med denne visdomsfrekvens.

Du kan benytte denne visdomsindsigt til at formidle dine tanker til dig selv i visdommens tjeneste med det højere formål, at dine tanke-processer skal åbne dig for et nyt sandhedsniveau, et niveau af indre erkendelser, som er en del af din indre visdom.

Strukturelle tankeprocesser har mange af jer arbejdet med i meditative øvelser og meditative træninger/praksis. Vi lægger os ind på de erkendelser du har opnået, har du arbejdet på disse måder. Måske du opdager og får erkendelser om nogle praksis, som var meget sande og andre, som blot fik tiden til at gå.

Visdommen, der er i dette tankefelt, er en visdom, der vil styrke dig til at benytte den kraft du har i dit mentale felt til at udtrykke og vise tanker og ord, for dermed manifestere det i gerninger, båret af visdom.

I den sidste del, vil vi arbejde med din sjælsvisdom.

Vi kan jo næsten ikke andet ved synet af I smukke skabninger, som arbejder under jeres tydelige sjælslys og sjælsforbindelse.

Arbejdet er nemt, idet udrensningerne i dit følelsesfelt og mentale felt gør, at din sjælsindstrømning bliver meget hurtigt klar i sin frekvens og du er i stand til at oversætte, anerkende og imødekomme denne frekvens.

Bad dig i dit sjælslys, tag imod din sjælsindstrømning.

Vores transmission støtter dig i, at du kan mærke og integrere, nærmest fysisk,

den kvalitet din sjæl bringer ind,

den glæde din sjæl formidler,

den styrke og kraft den bringer ind.

Processen folder sig ud, og den første frekvens som viser sig i din sjælsind-strømning er sandhed.

En sandhed, som ikke blot er sandhed, men en erkendelse af vibrationen, der kaldes sandhed.

En erkendelse, koblet ind i en værens tilstand, at opleve sandhed som en til-stand, en tilstand som kommer gennem denne sjælskontakt.

Du er sandheden, du er dig og det, at lande i sandhedsfrekvensen, åbner gan-ske automatisk for visdomsfrekvensen.

Forsigtigt åbner indstrømningen sig,

Din sjæl er ingen tragt, din sjæl er et nærmest en sjælsportal, som indeholder uendelige kvaliteter og du er den og den er dig.

Og igennem den erkendelse åbnes der endnu engang for et visdomslag.

Den visdom, indsigt og erkendelse som du har brug for netop nu, i dette øjeblik, i disse dage, hvor du hører og læser denne transmission, vil strømme ind til dig.

Du skal blot åbne tillade din sjæl at kommunikere erkendelse og indsigt, du kan stille dig selv et spørgsmål og transmissionen vil støtte erkendelses processen - svarets erkendelsesproces i dig.

Spørgsmålet kan være bevidst, som en sætning du italesætter med ord inde i dig.
Det kan være ubevidst - en følelsestilstand du bringer op, en problematik du har brug for hjælp til.
Løft den frem og tag imod støtte til erkendelse, i denne visdomsproces.

Visdom kan lægge sig som et konkret svar.

Visdom kan også lægge sig som en kompetence til at tage det næste skridt i den rigtige retning, at kunne overveje og beslutte i forhold til et nyt niveau af renhed, erkendelse og sandhed.

Visdom bæres ind i mange forskellige niveauer i et menneskes liv, både i relation til dig selv, i relation til det du manifesterer og i relation til det du giver andre ved dit nærvær eller gennem dine gerninger.

Vi slipper langsomt feltet, men det er etableret og holdes for dig, til du læser næste transmission.

Vi er den maskuline, feminine, neutrale treenighed fra Plejadernes Højeste Råd.

Vibrationen bliver langsomt forbundet med vores 3.dimensionelle verden som har en mere fast og dags-bevidst struktur. Forbundet til den verden du er i når denne transmission er slut, den krop du lever i, som bærer de tanker og følelser, som er en del af dig - som er dit sjælsfartøj.

Og bevægelsen er således, at din 3.dimensionelle form nærmest bliver indlemmet i disse højfrekvente dimensionslag du har været i, således du kan være i disse dimensionslag, være i din mentale struktur, i følelserne og i din krop på en og samme tid og derigennem få en mulighed for at få en bred og bevidst kontakt til de visdomslag, som er bragt ind.

Metatron overtager nu transmissionen

og der lægges en beskyttelses struktur ind omkring dig således at de processer, som er sat i gang, disse energetiske forandringsstrukturer du har åbnet dig for, kan folde sig ud i fred og ro til du læser næste transmission.

Måske du kan mærke, du er påvirket i dit hoved.

Mærk dit fysiske hoved,

mærk din ryg, din rygsøjle.

Måske du kan mærke, hvordan du sidder mod ryglænet i stole, eller ligger på ryggen.

Mærk dine arme, dit bryst, din mave, dit bækken. Mærk hele din overkrop, hvordan du sidder eller ligger. Prøv at mærke dine ben.

Og idet du mærker din krop, mærker du der, hvor du har hjemme, Der, hvor dine tanker følelser og sjæl har hjemme, i netop dette liv.

Dette er dit vilkår, og dette er også din gave: At få lov til at manifestere dine følelser, dine tanker, dine sjælskvaliteter igennem denne krop, igennem dette liv, gennem denne menneske tilværelse.

At manifestere visdom gennem et menneskeliv er en stor gave, både for dig og for dine nære, for de mennesker du møder i dit liv, på din vej.

Vi er Metatron, som har overtaget landingen og nu støtter dit energisystem, dine chakraer, dine energicentrer, dit elektromagnetiske felt og dets frekvens, som stadig er påvirket af den højfrekvente indstrømning vi netop har arbejdet med.

Og denne indstrømning fordeler sig, lander i dit energetiske system og vil over de næste dage integreres, både i dit energisystem, men også i din fysiske krop.

Så mærker du forandringer i kroppen, så tag vare på den, drik vand, sørg for at hvile dig. Har du brug for fred og ro, så prøv og se om du kan skabe dig fred og ro.

Vi glæder os til at se dig i næste og sidste transmission.

Vi er Metatron.

5. transmission

Vi er Metatron med en, til denne anledning, samling af Ærkeengle og Serafer.

Sarafer, hvoraf nogle af disse guddommelige vingede energetiske væsner, er på deres debut i kontakt med menneskeheden og det jordiske liv.

Vi tiltræder feltet for at bringe en kærlighedsfrekvens ind,

som er meget klar,

meget dyb,

meget højtvibrerende,

meget direkte fra oprindelsens kilde.

Forbindelsen til denne frekvens kan føles nærmest akavet. Det er blot indtil du har justeret din energi, din energetiske respons over for denne tilstedeværelse, du aldrig har mødt.

Dit energisystem er som et barn, der har brug for at trække sig lidt når det møder nye ting, nye mennesker som er strålende, næsten for strålende. Barnet trækker sig, giver sig selv tid og plads til at justere sig, og træder så ud i kontakten, når det er klar.

Det er denne proces, du har plads og rum til at være i. Plads og rum til at være i denne 'kontakt proces'.

For nogle er vibrationen nærmest så kendt, at det vækker dybe minder, for andre er vibrationen meget fremmed, men for alle læsere bliver feltet fortyndet med denne frekvens og disse vingede skabninger.

Denne frekvens, som er Angelisk og dog ikke Angelisk,

denne frekvens, som er i en højere guddommelig frekvens,

i en renere guddommelig frekvens,

i en stærkere guddommelig frekvens end hidtil formidlet.

Og formålet med denne frekvens, med denne indlægning af frekvens i jeres gruppefelt, er at åbne for det, som for mange er en stor opgave, nemlig selvkærlighed og medfølelse.

Sand medfølelse inkluderer medfølelse med dig selv.

Det er for mange svært at have medfølelse med sig selv når processerne, som de har gjort i dette forløb, er store kraftige og omvæltende.

Vi ønsker med denne afsluttende episode, at give dig støtte, så du kan lande i de indsigter du har fået, lande i de processer du har været igennem, således du kan stå fuldt balanceret, klar til dine næste opgaver.

For ja, livet er fyldt med opgaver, livet er fyldt med processer, men for hver gang du tager din tørn, for hver gang du arbejder dig igennem og lander i nye erkendelser, får du et nyt fundament, bliver du mere konvertibel i forhold til de nye indstrømmende frekvenser og har dermed muligheden for at integrere den visdom, der ligger i disse frekvenser.

Det er gennem visdom, du kan du få fred med dine processer.

Det er gennem visdom og erkendelsen af visdommen, du kan få en form for 'fredelig sameksistens', kan vi næsten sige med dine personlige processer, dine skader, med dine erfaringer fra disse skader som er en del af din historie.

Og vi vil, i denne sidste formidling, forsøge at hjælpe dig til at lægge historien på den rette hylde, således den ER historie, en erindring og ikke en reflektorisk frekvens, som kan aktiveres gennem daglige oplevelser, gennem møder med andre, gennem udfordringer i din dagligdag.

Fredelig sameksistens i dit indre, kunne man kalde det.

Naturen viser her vejen gennem de selvhelbredende mekanismer jeres natur har som en lovmæssighed. Når en skov falder til jorden i en storm, vil alle de væltede træer bidrage til området og går der tilstrækkelig mange år, giver stormen også nye muligheder for vækster i skovbunden og for dyrelivet.

Intet i naturen går til spilde, når naturen vel og mærket får lov til at følge sin cyklus, og ligeledes er det med I mennesker i jeres storme, i jeres indre stor- me, jeres vulkaner.

Når jeres nærmest følelsesmæssige nedsmeltninger lagrer sig, rejser du dig, bliver styrket og finder indsigt igennem disse processer.

For mange af jer, har disse processer blot været meget, meget smertefulde og fulde af lidelser.

Som vi har talt om før i denne bog, er udviklingen kommet så langt, at den er begyndt at vokse gennem medgang, gennem lys, gennem glæde og kærlighed og det er denne proces, som formidles i dag.

Sæt dig godt tilrette, lad dig svøbe i den frekvens, som gradvist har bygget sig så meget op, at du måske kan begynde at få en fornemmelse af den.

Måske du mærker forskellige frekvenser.

Vi er stadig i den opbyggende fase, og vibrationen fra Serafernes indstrømning arbejder fortsat på at få kontakt, og ved dig træder et sådant energetisk væsen ind.

Du kan, hvis du ønsker det, åbne dit hjerte og tage kontakt gennem dit følelsesvæsen,

du kan tage kontakt med dit pandeområde og gennem ordløs kommunikation få kontakt til dette væsen, som står foran dig til tjeneste.

Til tjeneste for dig,

til støtte for dig,

til formidling af frekvens.

Kærlighedsfrekvens

Kærlighedsfrekvens
84

En frekvens, kendt i din oprindelses natur,

en kærlighedsfrekvens du måske har glemt eksisterer.

Måske du mærker forskellige former for beskyttelse, som ligger mellem dig og dette vingede væsen.

Måske du mærker beskyttelsen som mere dunkle strukturer i dit energifelt.

Måske du observerer det som følelsesmæssig modstand eller blot, at dette er et meget dårligt påfund, at skulle tage kontakt med et væsen, som måske er i kontakt med et menneske for allerførste gang.

Hvis du synes, det er besværligt, så tillad dig og le lidt af dig selv og din modstand. Glæden at muntre sig bløder alting op, og du får en mulighed for at åbne lidt dybere ind i kontakten. En kontakt, du måske kender, en kontakt, du måske ikke har nogen fornemmelse af, er en kontakt.

Vi våger over din kontakt og kan berolige dig med, at du gør det ganske rigtigt, der er en begyndende udveksling.

Udvekslingen kommer i den takt, dit energisystem åbner for den, og det vil således vil være dit eget energisystem, dit egne ønske, der kalder på det du har brug for i udvekslingen.

Nogle gange tror du måske, du har brug for et, og i virkeligheden har du som menneske brug for noget helt andet. Men det behov viser sig ikke, fordi det er stuvet langt væk, gemt og glemt under mange års træning i at holde denne impuls at kunne mærke, erkende og give lov til at have dette behov fri.

Så du møder måske, at du ikke fortjener at være i sådan en frekvens, i sådan en udveksling.

Måske mærker du, at du ikke er værdig til at være i sådan en udveksling.

Skam er et stort åg at bære og I er mange, som er opdraget og afrettet gennem skam.

At skamme sig var tidligere en effektiv metode til at afrette børn - opdrage blev det kaldt, at få barnet til at regulere sig gennem skamfølelse.

Skamfølelsen som sådan er der ikke noget forkert i, det er en vigtig og også en sund del at kunne overveje sine egne handlinger, resonere og erkende, at det jeg gjorde var ikke korrekt, måske var det endda meget forkert og at kunne fortryde denne handling.

Skammen har en regulerende effekt, som bibringer mennesket en erkendelse af, at kunne, at skulle fortryde en handling.

Det, som imidlertid er sket i din og mange andres opvækst er, at skammen ikke er blevet brugt som en regulering, men til at tøjle, til at undertrykke, til at hindre den udfoldelse du sandt bibringer verden.

Vi taler om skam, fordi den Serafimske kontakt gør det muligt, at hjælpe dig med at komme i kontakt med denne følelse, som ligger i dig og samtidig lette, transformere din erindring.

For at arbejde med skammen, at gå ind i skammen fører ikke noget konstruktivt med sig.

86

At bringe skammen op til overfladen, samtidig med en erkendelse af den forkerte, nærmest uanstændige måde skam er blevet brugt til at opdrage dig på, giver dig en mulighed for at slippe denne skam.

Langsomt, langsomt kan du lægge din erindring om skammen og dens følger frem foran dig,

give den over til disse væsener, som er omkring dig,

til vi, som er omkring dig, som støtter dig i din proces,

i din forvandling.

Mærker du pres på dit hjerte, så bed om hjælp og støtte til at lindre det pres.

Vi er med dig i denne proces og alle, alle, alle bliver påvirket og du klarer det så ganske udmærket.
Idet skammen bliver bragt op i lyset, blegner dens magt, blegner dens indflydelse.

Og langsomt, forsigtigt, begynder du at kunne række ud mere bevidst efter den kontakt, der er fra de væsener omkring dig.

Række ud til det nærvær, som tilbydes fra disse væsener.

Frekvensen intensiveres, fortættes.

Ærkeenglenes kreds træder mere direkte ind i forbindelsen. Måske du mærker, hvordan frekvensen bliver endnu mere tættet af denne indtræden.

Det er fordi I er mange, som er vant til at arbejde med denne frekvens. Som er vant til at være i naturlig kontakt med denne frekvens, og dermed bliver den meget dagligdags, vil vi næsten sige. Den bliver næsten tredimensionel i karakteren, til trods for den er fra ottende dimension.

Brug din vejrtrækning til at læne dig ind i denne kendte støtte,

brug din vejrtrækning til at integrere den lettelse, som du får mulighed for at få kontakt med og mærke i dit system.

Og for nogle er der nu en proces, hvor du kan kommunikere med disse væsner.

Har du følelser, du ønsker at dele, så hold dem frem og bliv mødt i disse følelsestilstande.

Har du oplevelser, du ønsker at blive mødt i, så hold disse oplevelser frem og bliv mødt.

Har du spørgsmål, overvejelser du har brug for at få svar på?

har du fysiske symptomer som du gerne vil vide, hvorfor bliver ved med at forfølge dig og din krop?

Så læg disse spørgsmål frem, og nogle vil straks få et svar, som en tanke, som en impuls, følelse, eller en erkendelse.

For andre er denne proces en længere erkendelses proces, der vil lande i dig over de næste dage som en indsigt, hvor du pludselig erkender nye sammenhænge eller blot opdager, at du har sluppet behovet for et svar.

Del at være i kontakt, er en vigtigt del af det at være menneske.

Kontakt er både en menneske til menneske kontakt, og en kontakt til dig selv i forhold til din egne følelser, i forhold til dine egne tanker, i forhold til din egen sjælsindstrømning.

 Derudover er der mulighed for kontakt som denne, vi arbejder med nu:

Kontakt til vi, Angeliske væsner, som er her på jorden for at støtte dig jeres processer, i dine gerninger, i dit liv og din tilværelse.

Der er kontakt, der åbner til andre felter med mulighed for indre vejledning.

Disse kontakter er vigtige, men de menneskelige kontakter er ligeledes meget vigtige.

Vi opfordrer dig til at søge en balance mellem det at være såkaldt 'spirituel' og have kontakt med disse dimensionslag, og samtidig manifestere dit liv og dine gerning gennem menneskelige kontakter, gennem dit menneskeliv idet du, gennem sådanne kontakter, vil kunne formidle de erkendelser, vibrationer og læringer du får blandt andet ved at deltage gennem denne serie.

Vi vender os nu til at arbejde med hjertekontakt.

Hjertekontakt i dit hjerte i forhold til dig selv, således at bevægelse ikke er indefra kommende og ud, eller udefra kommende og ind, men er en tilstand i hjerteområdet,

i hjertechakraet, hvor bevægelsen er en udveksling, en udveksling i dit hjerte, med dig selv.

Mærker du pres, så giv det tid.

Fornemmelsen er måske meget anderledes fordi du fra Vi, fra feltet får støtte til at være i denne udveksling,

får støtte til at mærke, hvordan det føles at have en udveksling med dig selv inde i dig selv, gennem dit hjerte.

Mærker du fysisk pres så tag nogle dybe indåndinger og giv slip på udåndingen.

Find en måde at hvile i dit hjerte,

find en måde at hvile i denne kontakt,

med dit hjerte – i dit hjerte,

gennem nærværd med dig selv.

Og langsomt, langsomt begynder dit hjerteområde og udvide sig, at ekspandere.

Måske du mærker det energetisk, måske du mærker det fysisk.

Mærk et nærvær med dig selv, gennem et nærvær med dig selv i dit hjerte.

Åben dig for den udvidelse du bliver givet, og igennem åbningen strømmer den højfrekvente kærlighedsenergi fra Serafernes vibration ind.

Lægger sig som en mulighed for kontakt i dit hjerteområde.

Tag forsigtigt imod, eller tag vildt og voldsomt imod denne frekvens.

Tag imod det, der passer til dig,

for du er med dit hjerte, du er i dit hjerte.

Du mangler måske denne kærlighedsenergi, har du brug for at blive gennemskyllet af energien, så kan du det.

Vil du nærmere forsigtigt nippe og gradvist åbne dig for en mulig kontakt, da er det ligeledes en mulighed.

Og kærlighedsfrekvensen lægger sig gradvist ind i denne energetiske mekanisme, hvor du er i kontakt med dig selv, i dig selv, med dit hjerte, med dig selv i udveksling gennem dit hjertechakra.

Og gradvist, forsigtigt begynder der at åbne sig, nærmest som en svag mulighed, som et flygtigt potentiale at der, inde i dette energetiske frekvens system,

kan findes medfølelse.

Medfølelse.

Medfølelse.

Ikke en medfølelse der dirigeres ud, men en medfølelse, der dirigeres rundt og rettes mod dig selv.

Forsigtigt, forsigtigt måske som et frø, der sås i dit hjerte, der hvor du har kontakt med din egen storhed og ret til at være elsket.

Måske som en plante med et etableret rodnet, der plantes i dit hjerte, der hvor du har kontakt med din egen storhed og ret til at være elsket.

For nogle en lille stikling med to tynde rødder, for andre et lille bitte frø, et frø så lille så ser man ikke på det hele tiden, vil man tro, det ikke er der.

Medfølelsens frø med dig selv. Asch siger du måske, sikke noget pjat - mit kald er at leve for andre, at gøre for andre.

Til dette siger vi: Du kære elskede menneske, du er det instrument, hvorigennem du skal leve dette kald og instrumentet skal passes.

Instrumentet skal holdes opdateret, instrumentet skal tages vare på og det er dig, kære menneskesjæl, som har denne ydmyge og samtidig fornemme opgave at tage vare på dig selv, idet du er voksen.

Du er dig, du er din egen moder, du er din egen fader, du er din eget indre barn, og i denne treenighed kan du blive en voksen, træde ind i det ansvar og det kald det er at anerkende dig selv, at tage vare på dig selv, at elske dig selv, at have medfølelse med dig selv i alle de aspekter du indeholder.

For nogle er denne kontakt tydelig, for nogle er den som en sand kalden og du er der, hvor du blot skal have en smule hjælp, så træder du ind og åbner for denne medfølelse for dig selv.

For andre virker vores tale som noget, der er slet ikke kan lade sig gøre – som nærmest er uaktuelt.

Vi er her for jer alle, vi er her for at støtte dig i processen, om den er nem eller svær for dig.

Vi lægger os ind i dit hjerte og viser dig det, vi ser.

Viser dig den storhed du har i dit hjerte, hvor værdifuld du er, den store kapacitet for kærlighed du besidder.

Gradvist, forsigtigt begynder medfølelsen at klinge ind i dit hjertes energetiske bevægelse.

Måske du kan mærke dit hjertechakras puls, bevægelsen i energien og medfølelsen lægger sig i første omgang som en tone, som et lag uden på de eksisterende energetiske bevægelser, som er dit hjerte.

Og gradvist smelter disse sammen, og dit hjertes frekvens begynder at optage medfølelsens frekvens så fint, så nænsomt, så hjerteåbnende.

Tillad dig at drive med denne proces. Tillad dig mulige reaktioner på denne proces

Mærk, hvordan den energetiske åbning påvirker din brystkasse, påvirker din fysiske krop, påvirker dit fartøj, dit 'instrument'.

Balance i det fysiske hjerte øger balancen i det energetiske hjerte og den anden vej rundt.

Vi arbejder med dit energetiske hjerte, vi arbejder med dit hjertechakra,

vi arbejder med din forbindelse til dig selv,

med dig selv,

i dig selv,

i dit hjerte

og dermed styrker vi dit fysiske hjerte, vi styrker dit kredsløb, vi styrker din kontakt til det at kunne mærke din hjertemuskel.

Denne hjertemuskel som pumper, og pumper, og pumper uden at du er særlig observant.

De fysiske funktioner i kroppen er ofte reflektoriske og dermed bundet ind i dine underbevidste lag.

Vi foreslår her, at der er et bevidsthedsudvidende arbejde i at koble den energetiske proces sammen med den fysiske proces, og dermed udvide medfølelsen til ikke kun at omhandle medfølelsen med dit indre, med din opfattelse af dig selv som et menneskelig eksistens, men udvide medfølelsen til at omhandle din fysiske krop.

Måske er dette for dig en selvfølge og nærmest en glæde, at gå ind i denne del af processen.

Måske er dette ikke tilfældet. Du har måske haft mere eller mindre anstrengt relation til din fysiske krop, måske fordi den, fra dit perspektiv, har svigtet dig i dens funktionsniveau?

Har kroppen ikke har været som du har ønsket den? Har du ikke kunnet styre de fysiske mekanismer, kroppens udvikling?

Den næste fase er påbegyndt, og idet vi indbefatter det energetiske arbejde til at omhandle din brystkasse og dit hjerte, dit brystben og dine lunger,

får dit hjertechakra en pludselig mulighed for at slå an

i kraftig vibration,

i en åbning,

simpelthen fordi du har den fysiske krop til rådighed, og dermed et tempelrum at formidle din tone i, et lærred at male dit billede på, et instrument at spille din melodi på,

et redskab,

et fartøj at udleve medfølelsens vibration.

Mærker du trykken for brystet, så føl dig fri til at bevæge dig, rejse dig op eller lægge dig ned, sørge for at presset på din brystkasse slipper gennem en form for regulering af din krop.

Spændinger i brystkassen aktiverer for mange dybe, dybe overlevelses mekanismer i forhold til din vejrtrækning og hjertets slag.

Disse instinktive lag kommer op, og du får støtte og vibrationshjælp til at forvandle dine mulige bindinger ind i disse overlevelseslag.

Har du haft mange episoder i dit liv, hvor du har haft følelser af at været truet på din overlevelse, enten ved ikke at kunne få vejret, eller din fysiske krop var så truet, at hjertet ville stoppe, så bring disse oplevelser, episoder, disse mekanismer frem i lyset,

tillad dig at læne dig ind i vores støtte, for at transformere disse erindringer,

disse oplevelser, hvor du var livstruet.

Læn dig ind i vores støtte. Mærker du den ikke, så bed om at få hjælp til denne proces, i den form du kan forholde dig til den.

Den energetiske proces er, at alle jeres oplevelser og traumer, kommer op til overfladen som en energetisk struktur.

Dette kraftige kærlighedsfelt går ind og arbejder med at transformerer denne energetiske struktur.

I den proces letter det i dit hjerte, din brystkasse, i dine følelser, i dit hjerte chakra - det letter i din krop.

Hos nogle begynder medfølelsen at klinge ind i din fysiske brystkasse,

den lægger sig nærmest som en vibration knyttet til brystbenet og ribbenskas
sen, og giver dig mulighed for at åbne brystkassen og trække vejret på en må-
de, som er i harmoni med dine lungers konstitution, med hjertes takt.

Medfølelsen glider ind og lægger sig om dit fysiske hjerte, om dette organ,
som holder dig ihærdigt i live gennem dens kraftige pumpe funktion, som
giver dig kraft og styrke gennem dit blods cirkulation, og næringsstoffer bliver
fordelt i hele kroppen, som får den mulighed at optage præcis den næring,
den har brug for, i den rette mængde, på det rette tidspunkt.

Dette er fysik selvomsorg, og igennem erkendelsen af fysisk selvomsorg får du
en mulighed for at åbne for medfølelsen med din krop, med dig selv i din
krop, med din krop som erkendelsesredskab og medfølelsen i den og med
den.

Idet din brystkasse åbner sig, åbner dit hjertechakra sig og flowet i din krops
medianer øges, balanceres, vibreres, vitaliseres.

Tak for denne krop,

tak for denne guddommelige krop,

tak for muligheden for at leve i denne guddommelige krop,

tak for muligheden for at have et energetisk system, som så perfekt matcher et fysisk udtryk, som understøtter, beliver og integrerer glæde, visdom, og sjælskontakt ind i dine fysiske celler.

I takt med at din brystkasse spænder af og dit hjerte, dit fysiske hjerte åbner sig, åbner dit hjertechakra sig og dermed åbner dit felt, dit energisystem, dit personlige felt sig.

Og idet dit personlige energisystem åbner sig, begynder denne guddommelig kærlighedsfrekvens at strømme ind i et møde mellem dig og guddommelig kærlighed.

Et møde mellem dig som individ, som fysisk krop, som energetisk konstruktion i en fysisk krop og dit oprindelige, guddommelige ophav, her formidlet af kærlighedsfrekvensen og Serafernes tilstedeværelse.

Tillad dig at tage imod

Tillad dig at blive badet i denne kærlighedsfrekvens

Tillad dig at vibrationen glider ind i dit energisystem, lægger sig som et lag omkring mange energetiske strukturer og bevægelser.

Bliver du sorgfuld i denne kontakt, så tillad dig at blive sorgfuld.

Bliver du glædesfuld i denne kontakt, så tillad dig at tage imod glæden, tag imod lyset.

Processen arbejder, forsigtigt folder den sig ud.

Blot vær med den, blot vær i den.

Vi ser, hvordan I hver især langsomt åbner jeres energetiske frekvens, jeres energistruktur og bliver belivet af denne kærlighedsfrekvens.

Se dig selv i dette møde.

Mød dig selv i dette møde.

Dette kærlighedsmøde.

Hver gang du hører eller læser teksten, vil du kunne integrere et nyt niveau af denne vibration.

Vi opfordrer dig til at læse de transmissioner du bliver trukket til, eller 'tilfældigt' slår op på igen.

Når du én gang har læst bogen, kan du læse og arbejde med de afsnit, du er tiltrukket af og du vil, for hver gang du læser, kunne integrere endnu et niveau og få støtte til din udvikling.

Gennem balance, robusthed og kærlighedsvibration kan du gå den menneskelige vej med åbenhed, gåpåmod og glæde, gennem din kontakt med glæde og lyksalighed, visdom og medfølelse

med dig selv,

 i dig selv,

i smuk samklang.

Vi takker ydmygt for din nærvær, vi ser og anerkender din tiltræden i arbejdet og den tilstedeværelse du har deltaget med.

Vi er til stede, så snart du læser ordene med vores vibration.

Vi er denne gang Metatron på vegne af det Serafimske felt, med den hellige treenighed fra Plejadernes råd, med Det Galaktiske Råd, det Interplanetariske Samfund og Kryon, som overser denne kanal.

Med kærlighed og visdom,

lyksalighed og glæde,

takker vi for denne kreds.

Vi er Metatron, Guds sendebud og videns formidler.

Processen klinger nærmest ikke af, den etablerer sig snarere, i din krop, i din brystkasse, i dit hjertechakra. Så frekvensen er stadigvæk rigtig høj, men stabil, balanceret og stabil og du har derfor muligheden for at gå med denne balance, til glæde for dig selv og for det du møder på din vej.

Jeg er taknemmelig for, jeg mødte dig på min vej.

Tak fordi du læste med.

Kærlig hilsen Merethe

Lydfiler:

Lydfiler af denne meditations-serie kan fås på www.merethebonnesen.dk